Bran O. Hodapp & Iris Rinkenbach

Weiße Naturmagie

VERLAG PETER ERD · MÜNCHEN

2. Auflage 2001
Umschlaggestaltung und -illustration (U1): Franziska Pucher
Illustrationen im Innenteil: Corinna Veit und G. Helena Hodapp
Redaktion: Sohan Böttler und Heike Drechsler
Satz, Gestaltung: Friederike Lutz
Copyright © Verlag Peter Erd, München 2001

ISBN: 3-8138-0485-2

INHALT

Danksagung

Danke, Craig, für Dein so tiefgründiges Vorwort. Deine Zeilen in unserem Buch empfinden wir als besondere Ehre, und wir hoffen, ihr, dieser Ehre, gerecht zu werden. Nur durch die geduldige Vermittlungsarbeit von Silke von Manowski zwischen mir, Bran und Craig, war dies alles möglich – danke!

ॐ

Wir danken unserer Mutter und Corinna, für die Bilder und ihre Hilfe darüber hinaus, die dieses Büchlein entstehen lassen konnte, so wie wir es jetzt vorfinden.

ॐ

Einen besonderen Dank in tiefer brüderlicher und schwesterlicher Verbundenheit an Franzi und Udo, deren Seelen wir seit Jahrtausenden kennen und neulich, in diesem Leben erneut und zur rechten Zeit, treffen durften.

ॐ

Danke, Claudia Haberland, für die wahre Drachengeschichte.

ॐ

Danke, liebe Gräfin Marga Oldofredi, und allen anderen Helfern, sichtbar wie auch unsichtbar!

Zu Ehren und Dank den Hütern der Erde

So, wie dieses Manuskript nun vor uns liegt, war es nicht geplant. Die verschiedensten Umstände und Ereignisse während des Schreibens und die Menschen, die wir in dieser Zeit treffen durften, veränderten unsere Worte sowie die Art des Schreibens. Wir hoffen und wünschen uns, daß wir von unseren unsichtbaren Helfern so geleitet wurden und wir diese so verstanden haben, daß unsere hier vorliegenden Worte dem Leser, seinen Interessen und seiner geistigen Entwicklung auf dieser Erde gerecht werden dürfen.

Vorwort von Craig Carpenter – Scout und Botschafter der Hopi

In diesen »letzten Tagen« dieser großen Ära, welche mit der letzten großen Überflutung begann, und welche mit der großen Reinigung (oder dem Jüngsten Gericht) endet, die uns nun bevorsteht; in diesen »letzten Tagen«, da der Großteil der Menschheit in Zerstörung oder Selbstzerstörung unterzugehen scheint; in diesen »letzten Tagen«, in denen uns so viele Bücher, Magazine und öffentliche Vorträge lehren, wie man Wunderkräfte entwickelt, damit wir uns noch teurere Autos, Nahrungsmittel, Kleider, Unterhaltung, Sex und die Herrschaft über andere Menschen kaufen können, ist es äußerst erfrischend und inspirierend, ein praktisches und zugleich einfaches Buch zu finden, welches uns lehrt, wie man die Tatsache, daß Gottes Königreich hier auf Erden ist, erkennt, und das uns lehrt, wie ein Sterblicher in dieses Königreich durch das Stärken des eigenen Charakters eintreten kann, damit wir noch mehr Ehrlichkeit, Großzügigkeit sowie Opferung eigennütziger Interessen manifestieren können zum Wohle der anwachsenden Gruppe, und welches uns auch lehrt, wie man eine immer größer werdende Bewußtheit hinsichtlich der immer währenden Gegenwart der unübertroffenen Intelligenz, dem unübertreffbaren Mitgefühl/Respekt und der unübertreffbaren Macht des wahren Schöpfers, Aufrechterhalters und Auflösers aller Dinge, sichtbar und unsichtbar, in der momentanen Gegenwart sowie der Zukunft entwickelt. Diese »größere Bewußtheit« erzeugt nicht nur den Grad an Vertrauen, welcher für einen Sterblichen nötig ist, um außergewöhnlich gute Arbeit an Kranken oder Behinderten, an Gefängnisinsassen und an Hungernden und Heimatlosen zu leisten, sondern auch den Grad an Vertrauen, welcher in uns einfachen Menschen die »Drei Göttlichen Eigenschaften«, d.h. Intelligenz, Mitgefühl/Respekt und Macht, zu solch einem Ausmaß manifestiert, daß diese drei sich manifestierenden Eigenschaften die Aufmerksamkeit und Kooperation der mächtigsten der wundermanifestierenden Engel anzieht (Engel sind Geistes-Botschafter des wahren Schöpfers). Der Pfad des Charakterbildens durch selbstaufopfernde Dienste an anderen, die in Not sind, ist nicht nur der EINZIG sichere Pfad für wundermanifestierende Kräfte, sondern dieser Pfad der »Selbstaufopferung« ist auch der langsame, aber sichere Pfad, um die Freuden zu erfahren, Zeuge der größten weltbewegenden Siege zu sein, Siege, die sich durch die Manifestationen der mächtigsten/größten Wunder ergeben – und »Wunderkräfte« sind schließlich die »stärkste und letzte Waffe«.

In these »Last Days« of this great Era, which began with the last great world wide flood and ends with »The great Purifikation (or Judgment) Day« which is now upon us; in these »Last Days« when most of humanity seems to be going down to destruction or down to self-destruction; in these »Last Days« when so many books, magazines and public lectures are teaching us how to develop miracle powers so we can buy more expensive cars, food, clothing, entertainment, sex and the domination of others, it is most refreshing and inspiring to find a practical, but simple book, which teaches us how to recognize the fact that the Kingdom of God is here on earth and how a mortal can enter that Kingdom by strengthening our character so we can manifest more honesty, more generosity, more sacrificing of selfish interests so as to benefit the growing group, and teaches us to have an ever growing greater awareness of the Ever Presence of the Unsurpassed Intelligence, Unsurpassed Compassion/Respect, and Unsurpassed POWER of the True Creator, Sustainer and Dissolver of All Things, Seen and Unseen, Here and Hereafter. That »Greater Awareness« not only produces the degree of faith which is required for a mortal to do exeptionally good works to the sick or handycapped, to the imprisoned and to the hungry and homeless, but also to the degree of faith which manifests in us mere humans The Three Godly Attributes of Intelligence, Compassion/Respect and Power to such an extent that these three Manifesting Attributes attract the attention and cooperation of the mightiest of the miracle-manifesting angels (angels are Spirit Messengers of The True Creator). The Path of character-building through self-sacrificing services to others in need is not only the ONLY safe path to miracle-manifesting powers, but that path of »self-sacrifice« is also the slow, but sure path to experiencing the joys of witnessing the greatest of world-shaking victories, victories that result from the manifestations of the mightiest of miracles – and »miracle-powers« ARE »The Ultimate Weapon«.

Craig Carpenter, Hopi Scout and Messenger

EINLEITUNG

n unserem ersten Werk – Rituale der Weißen Magie – gaben wir die maßgeblichen Hinweise auf das magische Arbeiten. Aus diesem Grunde setzen wir voraus, daß der Leser, der ernsthaft an seiner Entwicklung arbeiten und mit den erlangten Kenntnissen sowie den daraus entwickelten Fähigkeiten am Schöpfungswerk eigenverantwortlich mithelfen will, unser erstes Werk gelesen und zum Großteil durchgearbeitet hat. Insbesondere wollen wir nochmals auf die Notwendigkeit der Charakterschulung hinweisen, ohne die eine magische Entwicklung, wie wir sie verstehen, nicht möglich ist. Ohne die Veredelung des Charakters, ohne die Trinität Intelligenz-Macht-Weisheit (Weisheit = Liebe) und den unbedingten Willen, dem Lichte – Christusbewußtsein – zu dienen, verkommt die Magie zur niederen Zauberei, die niemals segensreich sein kann.

Auch das vorliegende Buch ist ein Arbeitsbuch, das den Leser in die Lage versetzen soll, unsere kranke Erde zu heilen, die seit dem Untergang der atlantischen Kultur durch die Sintflut nie mehr so vor Trauer und Schmerz aufgeschrien hat, wie es jetzt, am Ende dieses Jahrtausends, der Fall ist.

Die Erde und die Geistige Welt rufen nach Heilern, nach Lichtträgern, die hier von der materiellen Welt aus den Astralleib und den Mentalleib unserer Mutter Erde zu heilen helfen; denn die sichtbaren Verschmutzungen und Grausamkeiten konnten sich nur manifestieren, weil in der Masse der Menschen die Gedankenwelt von Groll, Wut, Haß und Ängsten getränkt ist.

Diese mentale Verschmutzung beeinflußt auch unsere Gefühlswelt, die dem Astralreich (Erdgürtelzone) analog ist, und umgekehrt. Es ist keinesfalls ausreichend, ständig unseren Müll und den Müll der anderen wegzuräumen, wenn wir den kranken Geist nicht säubern. Eine Wunde, die blutet, wird Fliegen anziehen, solange sie nicht geschlossen – ausgeheilt – ist. So wird sich auch auf unserer Erde nichts ändern, solange wir Menschen nicht unsere eigenen geistigen Wunden säubern.

Wollen wir dieses Werk und die darin enthaltenen Vorschläge als Heilmittel sehen, die zunächst uns selbst, und erst dann – als sichere Konsequenz – unsere Erde heilen. Wollen wir, zum Wohle aller, unsere eigene geistige Umweltverschmutzung beseitigen, mit der Hoffnung und Zuversicht, daß der Mensch auch weiterhin diesen wunderbaren Planeten bewohnen darf.

Dieses Buch ist geschrieben zu Ehren des Großen Geistes des lichtvollen Drachen und seiner Bruderschaft, auf den die alten Könige ihren Schwur ablegten. Zu Ehren des Drachen, dessen Atem wieder in Avalon, auf Glastonbury Tor, zu hören und zu fühlen ist. Zu Ehren des Schwerts der Schwerter, das in heutiger Zeit erneut dem rechtmäßigen Träger, dem Pendragon, überreicht wurde. Zu Ehren aller Lichtträger, die ihre ganze Kraft zur Heilung der Erde einsetzen und dadurch selbstlos auf viele persönliche Bereicherungen verzichten.

Wir bitten die Göttliche Vorsehung um ihren Segen und die Kraft, das Ruder herumzureißen, um im Wassermannzeitalter unseren Geist zur Entfaltung zu bringen.

So sei es!

Eine wahre Geschichte von Claudia Haberland

Die drei weisen Frauen der Drachensteine
oder: Gab es Drachen wirklich und gibt es sie noch?

Es war einmal ein Drache, der lebte im östlichen Germanenreich. Damals gab es noch viel Wald überall, bunte Wiesen und natürlich Drachenhöhlen. Die Bauern verstanden sich gut mit den Drachen, denn die Drachen lehrten die Bauern, wie sie am besten zu säen und zu ernten hatten, wann Großmutter Mond günstig stand und wann nicht. Sie lernten von ihnen, wie man mit den Hütern der Heiligen Quellen umgeht, aus denen das Wasser des Lebens entspringt, und nicht zuletzt, wie man singt und fröhlich ist, denn gerade das liebten die Drachen besonders. Und die Drachen veranstalteten oft Wettkämpfe in Dichtkunst und Gesang, wozu auch manchmal Barden eingeladen wurden. Barden waren Menschen, die die Zauberkraft von Schwingung und Ton beherrschten und in Gesang und Gedicht ausübten.

Die Drachen verlangten, weil sie nun mal alles Schöne liebten, oftmals die Töchter der Bauern für eine Zeit als Gesellschafterinnen, und das hatte keinem Mädchen geschadet, denn solange sie bei den Drachen lebten, wurden sie nicht älter. Auch lernten sie viel in dieser Zeit und manch eine, die aus den Höhlen der Drachen zurückkehrte, wurde später die weise Frau des Dorfes.

Man kann sagen, daß die Drachen ein recht lustiges Volk waren, immer zu Neckereien untereinander aufgelegt und sehr friedfertig, denn sie liebten die Mutter Erde und alles, was sich auf ihr regt und bewegt. Sie fühlten sich dazu berufen, alle Lebewesen zu schützen, ob Stein, Pflanze, Tier oder Mensch.

Bei den Lebewesen der letzten Rasse war es allerdings etwas schwierig, sie voreinander zu schützen, denn es gab immer einige unter ihnen, die irgendein Recht geltend machen oder, etwas Besseres sein wollten, um sich Vorteile zu verschaffen. Damals jedoch waren die Menschen in ihren Gedanken noch frei. Sie erkannten solches Verhalten schnell, und oftmals fragten sie die Drachen um Rat. Manchmal genügte bei solch einem irrenden Menschen nur ein freundschaftlicher Klaps mit der Schwanzspitze des Drachen auf das Hinterteil oder die Schulter und manchmal handelten auch Abgesandte der Drachen in deren Auftrag, um die Überheblichen wieder auf den Boden der Tatsachen zu bringen. Es bildete sich eine Sippe heraus, die sich später Drachenritter nannte. Zum Leidwesen der Menschheit und des Zeitgeschehens überhaupt, gab es unter den irregeleiteten, überheblichen, rotznasigen Menschen manche, die konnten reden wie ein Wasserfall und hatten das Talent, allen Lebewesen das glaubhaft zu machen, was auch immer sie behaupteten. Und somit fing das Übel erst richtig an. Wenn diese Menschen einer Blume erzählten, wie häßlich sie war, wurde sie auf der Stelle welk vor Kummer und Scham. Riefen sie einem Vogel zu, er sei einfach nicht zum Fliegen geboren, fiel dieser wie ein Stein vom Himmel und zerschellte am Boden. Diese Menschen hatten die Macht des Wortes erkannt.

Die Barden nutzten diese Macht bereits vor allen Zeiten für ihre süßen Melodien und Geschichten, die die Herzen der Menschen erwärmten und in kalter Winterzeit laue Sommernächte oder bei Streit den Wohlklang der Harmonie heraufbeschworen, nicht zu vergessen die vielen wunderbaren Welten, die sie in den Köpfen der Zuhörer entstehen ließen.

Nachdem die Irregeleiteten nun die Macht des Wortes erkannt hatten, wandten sie sich sofort denen zu, die ihren unrechtmäßigen Wunsch nach Vormachtstellung bisher gedämpft hatten, den Drachen. So wurden die ersten Drachen eingehüllt in die Netze der Gewaltherrschaft und der Machtspielchen, langsam und immer Schritt für Schritt.

Dann war es soweit, der erste Drache kippte um und wurde dunkel, dunkel, dunkel. In seinem Inneren lebte nicht mehr die goldene Flamme, sondern die dunkle Leere, die danach schrie, gefüllt zu werden. Schätze sammelte er, und die Bauern seiner Region wurden von ihm unterdrückt, so daß die anderen Drachen sich gezwungen sahen, gegen ihn vorzugehen. So begannen auch die Drachen, sich zu spalten und gegeneinander zu kämpfen.

Aus diesen boshaften Menschen wurden die Ritter der Dunklen Drachen, und so manches ging in der Geschichte später durcheinander. Mancherorten wurden Drachentöter verehrt, und man findet die Darstellungen von Heiligen, die Drachen töten, heute noch in alten Kirchen. Zu welcher Ritterschaft gehörten nun diese, und welche Art Drachen töteten sie? Dies müßt Ihr, verehrter Leser, selber herausfinden.

Der weiseste unter den Drachen fragte sich, wie es überhaupt möglich war, daß die Worte der Macht mißbraucht werden konnten, und seufzend erinnerte er sich der Tatsache, daß die kosmischen Gesetzmäßigkeiten immer wirksam sind, ganz gleich, für welchen Zweck man sie gebraucht. Während er seinen Blick zu Boden senkte, um nachzudenken, sah er in die Zukunft und ein Schauder erfaßte ihn. Das sollte die Zukunft sein? Voller blutiger Kämpfe, Hungersnöte, Überschwemmungen, Vulkanausbrüche; Menschen, die statt des Herzens ein schwarzes Loch in ihrer Brust tragen und sich getrieben fühlen von dem Zwang, diese schwarze Leere mit ständig wechselnder Kleidung, Rauschzuständen, Orgien und anderen dramatischen Ereignissen zu füllen?

Traurigkeit überkam ihn, als er begriff, daß irgendwann die Menschen die Sprache der Tiere nicht mehr verstehen würden, keine Baumdevas und Blütenelfen mehr erkennen könnten und in ihrer Ausstrahlung eher einer grauen Decke als einem Regenbogen gleichen würden.

Er erkannte auch, daß die Zerstörungswut der Menschen und der mittlerweile dunklen Drachen so groß sein würde, daß in dieser Zeit kaum Licht und Gutes würden überleben können. So hatten die Menschen und Drachen sich eben entschieden. Er konnte nichts tun, außer sich zu opfern und sich durch Formelsprüche, die noch vom Anbeginn der Zeiten stammten, in Stein zu verwandeln.

So könne – dachte er – sein Geist nahe genug bei den Menschen in der materiellen Welt bleiben und die, die Wissen von ihm erfahren wollten, könnten zu ihm kommen und ihn alles fragen.

Die Eintrittskarte zu diesem Wissen würde ihr Herz sein, denn nur wer reinen Herzens sieht, kann den Drachen erkennen und ihn hören. So sollte es geschehen. Als er gerade dabei war, die Formel auszusprechen, da kamen drei seiner Gespielinnen zu ihm. Sehr weise Frauen waren sie mittlerweile geworden und hatten Kontakt zu vielen Dimensionen. Ihnen blieb nicht verborgen, was der ehrwürdige Drache vorhatte, und sie wollten ihn nicht allein lassen, denn sie hatten ihn lieb gewonnen. So hielten sie seinen Kopf und erbaten sich die Formel von ihm. Nach anfänglichem Zögern gab er nach und die drei versteinerten mit ihm.

Noch heute können wir an diesem Ort Zugang zu allerhöchstem Wissen finden. Gerade Frauen sind aufgefordert, den kleinen Falken- bzw. Frauenfelsen aufzusuchen und sich dem Schutz und der Führung der weisen Frauen anzuvertrauen. Jede Frau, die sich auf die Weisen einläßt und mit ihrem Herzen dabei ist, wird die wunderlichsten Dinge und Wandlungen erleben und wird wieder zur Frau an sich. Du weißt nicht, was das ist? Dann wird es Zeit.

Die übrigen Felsen wurden vorwiegend von männlichen Gruppen aller Couleur besucht, doch das wahre Wissen hinter den Toren wird nur demjenigen offenbart, der von seinem Herzen geführt wird.

Ich wünsche allen, die dieses Buch lesen, daß ihre Herzenstore nicht verschlossen bleiben, sondern sich weit öffnen für das Wissen um das Licht.

Gott zum Gruß,
Claudia

[*Anmerkung der Verfasser:* Bei dem oben beschriebenen Platz handelt es sich um die Externsteine nahe Detmold.]

I.

NATURMAGIE

Bevor wir begannen, dieses Buch zu schreiben, fühlten wir den unwiderstehlichen Wunsch – es war schon fast ein Zwang – nach Glastonbury, England, zu reisen, um dort am Tor zu meditieren. Bilder und Visionen aus Vorleben und längst vergangener Zeit drängten sich auf und wir wußten, daß wir an diesem alten Platz wichtige Erfahrungen zu machen hatten. Gegebenheiten, auch solche der schmerzhaften Art, knüpften sich an unsere Vorleben an und vieles wurde klar. Die Rolle unserer ehemaligen Lehrer und Mitschüler einer Mysterienschule im heutigen Leben und in der Vergangenheit war zu sehen und erklärte so manches. Und vieles hing und hängt mit dem alten und sagenumwobenen Glastonbury Tor, dem Alten Avalon, zusammen, dem Hügel, aus dem noch heute in Form zweier Quellen das rote und weiße Drachenblut fließt, das Blut der Macht und das Blut der Weisheit, deren Vereinigung das Geheimnis des Heiligen Grals birgt.

Die Okkultisten in England sind der Meinung, der Hügel in Glastonbury sei das Herzchakra der Erde – zu Recht, denn an diesem heiligen Ort wurden in alter Zeit die wichtigsten Einweihungen vollzogen. Jede Manipulation an diesem Ort, im Guten wie auch im Bösen, wirkt sich auf die Gesundheit und das Wohl der Menschheit aus, wirkt auf das Herzchakra jedes Menschen, da wir alle über die Erdenseele miteinander und mit der Erde verbunden sind. Und so sehen wir an diesem Ort die Dualität wie an keinem zweiten – das Vorhandensein von Licht und Schatten in ihrer deutlichsten okkulten Form.

Naturmagie finden wir in allen alten Kulturen. Es ist die Anrufung und Zuhilfenahme der elementaren Urkräfte von Himmel und Erde, Sonne und Mond; das Zusammenspiel und Wirken der männlichen und weiblichen Kräfte, die Anrufung der Elemente und ihrer Wesenheiten; die bewußte Herbeiführung von Regen und Sonnenschein, aber auch die Heilkunst mit Kräutern und Elixieren, die aus der Erde hervorkommen.

Der in der Heilkunst bewanderte Magier oder Wicca (Priester oder Priesterin im alten Hexenglauben) begnügt sich nicht damit, lediglich die Kräuter verschiedener Heilpflanzen zusammenzustellen. Er belebt diese ganz bewußt auf die eine oder andere magische Weise oder durch ein Ritual, um ihre Wirksamkeit um ein vielfaches zu verstärken.

Wir wollen versuchen, uns diesen elementaren Kräften wieder auf liebevolle Art und Weise zu nähern, uns mit dem alten Wissen unserer Vorfahren wieder zu verbinden, ohne erneut den Aberglauben zu nähren, der im Mittelalter die schrecklichen Morde an vielen weisen Frauen und Männern auslöste. Wir wollen mit diesem Wissen alte Kraftplätze neu beleben und uns eigene heilige Orte der Kraft errichten. Genau dies ist es, was dazu beiträgt, uns und unsere Mutter Erde zu heilen, unsere eigenen Wurzeln wiederzufinden und in Harmonie und Frieden mit Mensch und Tier zusammenzuleben.

Das alte Wissen unserer Erde will wiedergefunden und gelebt werden. Gehen wir mit Freude und Zuversicht ans Werk!

Abbildung rechts:
Die schwarze Linie um den Drachen stellt die Dunkelheit dar, die mit dem Erwachen des Drachen vernichtet werden wird. Die vier heiligen Symbole, die einem Suchenden auf seinem Weg helfen, Speer (Stab), Schwert, Kelch und Stein (Pentakel), sind hier auch zu finden. Ebenso einige Helferwesen, die ihn auf seinem Weg leiten und begleiten können.

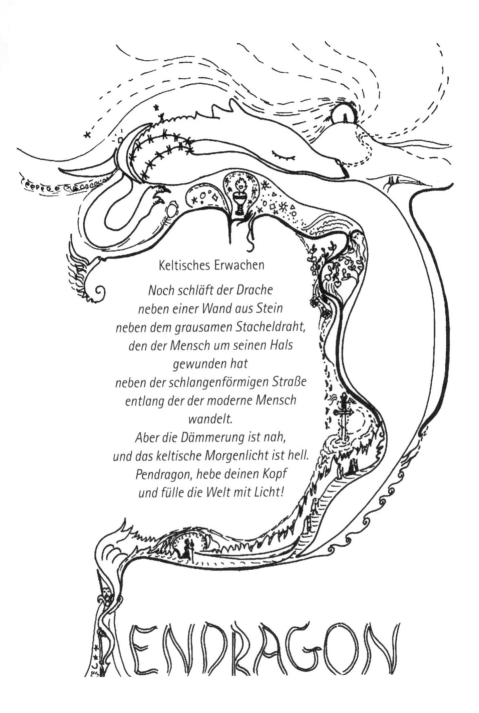

Keltisches Erwachen

Noch schläft der Drache
neben einer Wand aus Stein
neben dem grausamen Stacheldraht,
den der Mensch um seinen Hals
gewunden hat
neben der schlangenförmigen Straße
entlang der der moderne Mensch
wandelt.
Aber die Dämmerung ist nah,
und das keltische Morgenlicht ist hell.
Pendragon, hebe deinen Kopf
und fülle die Welt mit Licht!

PENDRAGON

II.

MATRIARCHAT –
PATRIARCHAT

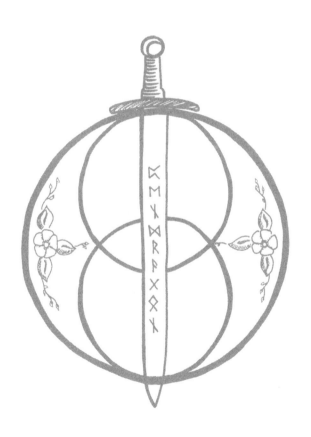

or unvorstellbar langer Zeit war die Beschaffenheit der Erde noch eine ganz andere als heute. Die Festigkeit, wie wir sie heute kennen, gab es damals noch nicht. Alles war noch fließend, formbar, im Aufbau begriffen. So muß man sich auch den damaligen Menschen vorstellen. Wenn sich die Seele in einen menschlichen Körper inkarnierte, so konnte sie sich diesen ganz nach ihren Bedürfnissen bilden und formen. Es gab weder männlich noch weiblich, denn die Seele vereinigte beide Eigenschaften zu gleichen Teilen in sich. Als dann im Laufe der Evolution die Materie immer dichter wurde, mußte sich die Seele den veränderten Umständen anpassen und sich in die verfestigte Form einfügen.

Dies war nun nur noch mit einem weiblichen oder einem männlichen Körper möglich. Das heißt: Die Seele mußte nun einen Teil, entweder den weiblichen oder den männlichen in sich zurückziehen und konnte sich nur noch mit dem anderen Teil körperlich ausdrücken. Der verborgene Anteil jedoch vervollkommnete den inneren Menschen und bildete ein denkendes Gehirn. Dieses war zuvor noch nicht vorhanden, denn der Mensch handelte bis zu diesem Zeitpunkt instinktiv, er konnte seine Gefühle und Empfindungen nicht mit Gedanken verknüpfen. Diese neue Errungenschaft war nur möglich durch das Aufgeben der Zweigeschlechtlichkeit in einem Körper. Man kann also sagen, daß etwas geopfert werden mußte, um eine Weiterentwicklung zu ermöglichen.

Da der männliche Aspekt die Entsprechung zur Willenskraft hat, wurden fortan die Jungen hart und brutal erzogen. Es wurden mit Absicht dem Körper Wunden zugefügt und Kämpfe ausgetragen, um den Willen zu stählen.

Ganz anders verhielt es sich bei der Erziehung der Mädchen, denn das Weibliche hat eine Entsprechung zur Vorstellungskraft. Sie wurden angehalten, die Kämpfe der Jungen und Männer ohne Angst zu beobachten. Die Kraft und Energie sollten sie lernen wahrzunehmen. Auch wurden sie den Naturgewalten ausgesetzt, um deren wahre Schönheit zu erspüren. So wurden die Frauen in einer wichtigen Eigenschaft ausgebildet, der Intuition, aus der bei manchen Frauen die Hellsichtigkeit erwuchs.

Die fähigsten Männer wurden in Mysterienschulen ausgebildet und konnten mit ihrer Willenskraft die Natur magisch beherrschen. Die Frauen jedoch, die durch ihr Wahrnehmen und Beobachten tiefe Eindrücke in ihre Seelen prägten, entwickelten durch das Nachwirken der Gefühle die ersten Anlagen zu einem Gedächtnis und konnten somit »Gut« und »Böse« unterscheiden, denn nur mit der Erinnerung an frühere Erfahrungen und Ereignisse ist eine Wertung möglich. Die ersten Moralvorstellungen wurden nun entwickelt. Der Mann konnte dies zunächst nicht, denn er handelte aus der momentanen Situation heraus durch die Einflüsse der Natur oder der Eingeweihten. Seine Herrschaft war auf die äußere Handhabung der Naturkräfte gerichtet, während die Frau diese deutete und eine viel persönlichere Eigenschaft einfließen ließ, als dies den Männern zu diesem Zeitpunkt möglich war. In der nachfolgenden Menschheitsepoche, dem atlantischen Zeitalter, wurden die fähigsten Frauen in den Mysterienschulen zu Priesterinnen ausgebildet, und ihr Einfluß war sehr groß, denn bei ihnen mußte man sich Rat einholen. So übernahmen mit der Zeit die Frauen die Führung des Volkes.

Die Menschheitsentwicklung verlief nicht etwa zufällig so. Hinter der Kulisse agierten hohe geistige Wesenheiten, die ganz bewußt die Weiterentwicklung der Menschheit förderten. Sie lenkten bestimmte planetarische Einstrahlungen zur Erde, die mit bestimmten Eigenschaften verbunden waren, die sich dem Menschen einprägten. Dadurch bekamen sie selbst auch die Möglichkeit, sich weiterzuentwickeln und zu wachsen. Man stelle sich nun vor, daß die Frauenherrschaft erwünscht war, um die weiblichen Aspekte der Seele auszubilden und zu fördern, nicht nur die der Frau, sondern genauso die des Mannes. Er hat ja den weiblichen Anteil in sich verborgen.

Im Universum ist alles Entwicklung. Alles fließt, alles ist in Bewegung. Dies erklärt, warum das Matriarchat keinen dauerhaften Bestand haben

konnte, sondern vom Patriarchat abgelöst wurde. Der männliche Seelenanteil wurde nun ausgebildet. Dies soll keinesfalls frauenverachtende
Geschehnisse entschuldigen, aber durch Ungerechtigkeiten werden Wi-
derstände geboren, und so konnte sich die Frau weiterentwickeln. Unserer Auffassung nach mußte jeweils ein Seelenanteil stark werden, um
dann vom anderen abgelöst zu werden. Jetzt ist die Zeit gekommen, um
ein neues Gleichgewicht herzustellen. Der weibliche und der männliche
Seelenanteil sollen nun im Manne und in der Frau zu gleichen Teilen
entwickelt werden.

Das Wissen um die Naturmagie hatten die eingeweihten Männer der
letzten 3000 Jahre wohl, sie arbeiteten mit ihren Willenskräften und erzielten gute Resultate bei ihrer Arbeit. Ihre magische Ausbildung war eine ganz andere als die der Frauen. Eine andere, aber keine bessere. Denn
die Frauen erzielten ihre magischen Resultate aus ihren intuitiven Fähigkeiten heraus, sie zerpflückten nicht alles mit ihrem Verstand. Beides ist
jedoch einseitig und beschränkt die Möglichkeiten. In den Männerlogen
wurden und werden oftmals Frauen als Medien benutzt, da die medialen
Anlagen der Frauen oft besser ausgebildet sind als die der Männer. Den
Frauen fehlte bis jetzt in den meisten Fällen die männliche Willenskraft,
was eine Unterdrückung erst möglich machte. Erst wenn beides wieder
vereint entwickelt ist, ist die Waage ausgeglichen. Diese Chance haben
wir nun im angebrochenen Wassermannzeitalter. Hören wir jetzt auf damit, das andere Geschlecht als Unterdrücker, Konkurrent oder als min-
derwertig anzusehen. Jede Frau, jeder Mann sollte versuchen, in sich
selbst beide Anteile, männlich und weiblich, zu versöhnen. Die geistige
Welt wünscht sich starke, selbstbewußte Frauen und Männer, die ihrer
Intuition vertrauen.

Zu den wenigen Völkern, die heute noch das Matriarchat leben, zählen
die Hopi-Indianer in Arizona, die sagen:»Die Frau ist das Dorf, sie hält
alles zusammen«,sowie die Khasi in Meghalaya, einem kleinen Bundes-
staat im Nordosten Indiens. Dort zählt in der Erbfolge nicht der älteste
Sohn, sondern die jüngste Tochter. Auch in diesem Land ragen die Me-

galithen gen Himmel, und die Hohepriesterin ist Oberhaupt und spirituelle Führerin der Khasi. Jedoch ist das Matriarchat hier nicht als Frauenherrschaft zu verstehen, als Umkehrung der Männerherrschaft, sondern wie es die Münchner Matriarchatsforscherin Heide Göttner-Abendroth definiert: als »regulierte Anarchie«, die zwar nach bestimmten Regeln, aber ohne Herrschaft funktioniert. Matriarchat umschreibt sie als »Nichtherrschaft von Frauen bei ihrer gleichzeitigen vollen ökonomischen und sakralen Macht«. Dieses Ideal gilt es wieder anzustreben.

Ritual zur Versöhnung und Heilung von männlich und weiblich

✧ Suchen Sie sich einen schönen Platz in der Natur, an dem Sie ungestört sind.

✧ Legen Sie mit Steinen eine große Lemniskate (liegende Acht) auf der Erde. Falls Sie nicht genügend Steine zur Verfügung haben, können Sie auch ein Band oder eine dicke Schnur verwenden. Steine wären jedoch besser, da sie das Erdelement verkörpern, das wiederum aus allen vier Elementen (Feuer, Wasser, Luft, Erde) zusammengesetzt ist.

✧ In die eine Schlaufe der Lemniskate legen Sie eine auf Papier gezeichnete gelbe oder goldene Sonne und entzünden eine gelbe oder goldene gesegnete Kerze. (Eventuell ist ein Windlicht ganz nützlich.)

✧ In die andere Schlaufe legen Sie einen silbernen auf Papier gezeichneten Mond und entzünden eine weiße oder silberne gesegnete Kerze. Die Sonne symbolisiert das Männliche und der Mond das Weibliche.

✧ Tragen Sie möglichst Kleidung in Weiß und Gelb.

✧ Auf den Schnittpunkt der Lemniskate stellen Sie ein feuerfestes Gefäß und Streichhölzer.

✧ Stellen Sie sich auf den Schnittpunkt der Lemniskate.

Lemniskate

- Berühren Sie mit Ihren Handflächen den Boden, und bitten Sie Mutter Erde um Schutz und Begleitung.
- Öffnen Sie Ihre Handschalen nach oben, und bitten Sie Vater Sonne, Sie bei diesem Ritual zu begleiten und zu unterstützen.
- Bitten Sie nacheinander (indem Sie sich in die jeweilige Himmelsrichtung drehen und sich verneigen) um den Schutz des Nordwinds, des Ostwinds, des Südwinds und des Westwinds.
- Nun laufen Sie, am Schnittpunkt beginnend, im Uhrzeigersinn an den Steinen entlang die Form der Lemniskate genau siebenmal ab.
- Dazu sprechen Sie ebenfalls siebenmal folgenden Spruch:

Mit jedem meiner Schritte,
nehm ich euch zur Mitte.
Durch meine sieben Runden,
werdet ihr verbunden.

- Nach der letzten Runde stehen Sie wieder im Schnittpunkt der Lemniskate.
- Nehmen Sie die Zeichnungen von Sonne und Mond aus ihren Schlaufen, und entzünden Sie diese Papiere in Ihrem feuerfesten Gefäß.
- Stellen Sie sich, während der Rauch des brennenden Papiers nach oben steigt, intensiv vor, wie Ihre männlichen und weiblichen Anteile wieder harmonisch vereint werden.
- Legen Sie Ihre Hände auf den Boden, und bedanken Sie sich bei Mutter Erde.
- Wenden Sie Ihre Handschalen nach oben, und bedanken Sie sich bei Vater Sonne für die Begleitung und Unterstützung.
- Drehen Sie sich verneigend in die vier Himmelsrichtungen, mit dem Norden beginnend, dann Osten, Süden und zuletzt Westen, und bedanken Sie sich für den Schutz, der Ihnen gewährt wurde.

III.

DAS KELTISCHE ERBE UND SEIN MISSBRAUCH IM DRITTEN REICH

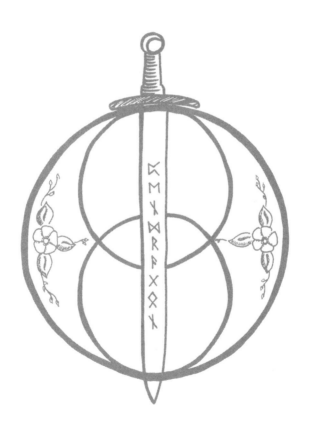

n uns Europäern fließt das Blut und schlägt das Herz der Kelten. Einst eine alte Hochkultur, dann besiegt, unterdrückt, vergessen und mit großen Wehen in den Anfängen des 20. Jahrhunderts wiedergeboren, mißbraucht und erneut unterdrückt.

Die Druiden, die Priester, Heiler und Weisen der Kelten, waren die überlebenden Wissensträger der untergegangenen Kultur Atlantis. Von Magiern mit den höchsten Einweihungsgraden wurde das alte Wissen unter strengster Schweigepflicht ausschließlich einzelnen ausgesuchten Novizen weitergegeben.

Als die Menschen nach der großen Sintflut aus der unteren Welt in die obere Welt gelangten, erhielten sie nach den Erzählungen der Friedensbotschaft der Hopi zwei Steintafeln vom Hüter der Erde, Massau. Diese Steintafeln enthielten – ähnlich den zwei Tafeln des Moses – Anweisungen, wie die Menschen zu leben hätten, nichts durfte weggenommen und nichts hinzugefügt werden. Diese heiligen Steintafeln waren bzw. sind aus einer Art von Gestein, welches nicht auf dieser Erde zu finden ist. Massau übergab diese zwei heiligen Tafeln dem Führer des Bogen-Clans der Hopi zur Aufbewahrung. Die wichtigste Bedeutung von Hopi ist: friedvoll. Und so sind die echten Hopi-Indianer das einzige Volk der Erde, das bis zum heutigen Tage niemals getötet und niemals einen Krieg geführt hat!

Als der Bogen-Clan-Führer persönliche Fehler machte, wurden ihm diese Tafeln wieder genommen und seinen zwei Söhnen anvertraut, die durch die Abstammung ihrer Mutter dem Sonnen-Clan angehörten. Massau gab den Hopi den Auftrag, sich – ausgehend von Oraibi, einem Hopi-Reservat in Arizona – auf der Erde auszubreiten. Dies ereignete sich alles nach der großen Sintflut, dem Untergang von Atlantis. Nach der vierten Völkerwanderung des Sonnen-Clans kampierten die Hopi ca. 500 km östlich der Küste Kaliforniens, bei der heutigen Stadt Needles. Dorthin kamen Botschafter aus einem Land, das sie als das Land der aufgehenden Sonne bezeichneten. Diese Botschafter klagten bei den Hopi über besondere Schwierigkeiten in ihrem Land, die nur ein Angehöriger des Sonnen-Clans ausräumen könne, da die Mitglieder dieses Clans die einzigen Menschen auf der Erde seien, die die göttliche Erlaubnis hätten, über andere Menschen zu urteilen und zu richten.

Da die Hopi die Bitte um Hilfe nicht zurückweisen durften, entschloß sich der älteste Bruder des Sonnen-Clans, mit seiner Steintafel in das Land der aufgehenden Sonne (gemeint ist in diesem Fall nicht Japan – möglicherweise handelt es sich um Westeuropa, vielleicht sogar um England) zu reisen, um es zu reinigen. Dieser älteste Hopi-Bruder des Sonnen-Clans versprach seinem Volk, so schnell wie möglich wieder zurückzukommen, um gemeinsam mit seinem Bruder das Land Nordamerika zu reinigen. Nach dem Erreichen des Landes der aufgehenden Sonne wollte der Ältere seinen Kopf als Zeichen an eine Steinwand legen. Sofort würde dann ein Stern am Himmel erscheinen, um den Hopi seine Ankunft im fremden Land zu signalisieren. Dies wäre dann auch das Zeichen für die auf der Wanderschaft befindlichen Hopi, sich dort, wo sie sich gerade aufhielten, niederzulassen und sich anzusiedeln, bis der ältere Bruder wieder zurückkäme. Doch kündigte dieser an, daß, falls er sich nur um einen Tag mit seiner Ankunft im fremden Land der aufgehenden Sonne verspäten würde, seine Rückkehr sehr sehr lange dauern könne.

Die Hopi nennen diesen älteren Bruder des Sonnen-Clans Bahana. Nach der Hopi-Erzählung Craig Carpenters, erschien der Stern am Himmel, der die Ankunft des Bahana im Land der aufgehenden Sonne anzeigte, exakt am 5. Juli 1054 nach Christus. Falls Bahana zurückkäme, würde er diese seine heilige Steintafel des Wissens wieder zurückbringen. Die zweite Steintafel ist heute noch im Besitz der Hopi und wird von einem Auserwählten gehütet, bis Bahana wieder zurückkehrt. Bei seiner Rückkehr, die gerade in unserer heutigen Zeit vermutet wird, wird Bahana mehrere Symbole und Gegenstände bei sich tragen, womöglich in seiner Aura verankert, nur für den Hellsichtigen zu erkennen. Das wichtigste Symbol ist die zweite Steintafel und ein magisches Schwert, mit dessen Hilfe er gemäß der Prophezeiung die Welt von Oraibi aus reinigen wird. Bahana hat den Auftrag, die Tyrannen unserer Welt zu richten, um das Goldene Zeitalter zu ermöglichen. Bahana, ein weißer Magier, wird nach der Hopi-Prophezeiung die Hand dem Sonnenmenschen und dem Swastikamenschen reichen. Manche Hopi sagen, Bahana lebte in Dschingis Chan und Alexander dem Großen – manche sagen, Alexander der Große und König Artus von England seien eins. Allesamt hatten sie ein magisches Schwert der Macht, das keinen Unschuldigen töten konnte. Dschingis Chan trug bei besonderen Aufträgen eine mysteriöse Steintafel an seiner Hüfte.

Joshua Ben Joseph, Jesus von Nazareth, durchlief die Mysterienschulen dieser Welt in den ersten 30 Jahren seines Lebens, bis er den Titel und das Bewußtsein des Christus – der von Gott Gesalbte – als höchste Einweihung erhielt. Unter Joseph von Arimathia – einem Merlin – wurde der Nazarener auf den heiligen Druideninseln Britanniens und auf Avalon, dem Hügel des Drachen, in die keltischen Mysterien eingeweiht. Beide Einweihungswege, der männliche und der weibliche, wurden streng getrennt, jedoch vereint, wie zwei Laserstrahlen, auf ein gemeinsames Ziel ausgerichtet. Dies bedeutete unvorstellbare Macht. In der Zeit des Priesterkönigs Artus wurde diese Macht jedoch mißbraucht. Die Lager der Eingeweihten zerbrachen aus Gründen der Machtgier einzelner. Und so zerbrach der König, und so zerbrach das Land, – denn der König war das Land, und der Drache war das Land, – und der Drache war der König – Pendragon – Drachenmensch.

Beim Erscheinen des Bahana geht es nicht mehr um einzelne Länder, sondern um die gesamte Erde – um ihre Reinigung und Errettung, um ein Friedensreich für alle Völker und Tiere und alle Geister.

Über tausend Jahre mußten vergehen. Das alte Wissen wollte wieder entdeckt und geehrt werden. Das Land Europa wollte vereint werden – in Liebe und Großmut. Alte Machtstrukturen, die Macht der Alten und Angenommenen Maurer, die Macht der Illuminati, sollten zerbrechen und die Menschheit in geistige und spirituelle Freiheit geführt werden. Die Geburt eines hohen Eingeweihten war erneut erforderlich. Von Hohen Wesenheiten wurde die Geburt eines atlantischen Priesterkönigs geplant und vorbereitet. Am 29.09.1812 (Michaeli-Tag) wurde der Kaiser von Europa, Erbprinz zu Baden, von der Adoptivtochter Napoleons in Karlsruhe geboren. Er wurde bekannt unter dem Namen Kaspar Hauser (die gentechnischen Untersuchungen, die 1997 beweisen sollten, daß Kaspar Hauser nicht aus dem Hause Baden stamme, sind trotz gegenteiliger Pressemitteilungen alles andere als gesichert). Seine Aufgabe war es, nach seiner Krönung in Nürnberg, Europa in Liebe und Weisheit zu vereinen, um das Tausendjährige Reich nach der biblischen Prophezeiung der Apokalypse des Johannes einzuleiten. Dies hätte jedoch tatsächlich die Entmachtung aller weltlichen illuminativen Organisationen bedeutet, und so entschieden diese sich dazu, Kaspar und alle männlichen Familienmitglieder zu töten. Das Geschlecht der rechtmäßigen Fürsten zu Baden wurde komplett ausgerottet.

Ein neuer Fürst mit magisch okkulter Einweihung kam nun in Europa auf den Plan. Von den Illuminati bezahlt, vorbereitet und unter anderem im heute noch bestehenden Geheimorden »Thule-Gesellschaft" ausgebildet. Es wurden die heiligsten Symbole und Zeichen als Staats- und Militärabzeichen ausgesucht, um die weltliche und geistige Macht dieser Herrscher auf magische Art und Weise zu festigen. Das Sonnenrad oder auch Swastika genannt, welches schon vor zweitausend Jahren auf Buddhas Füßen abgebildet wurde, fand eine neue, im negativsten Sinne mißbrauchte Verwendung als Hakenkreuz – Symbol des Dritten Reichs. Mit Hilfe der Swastika-Kraft wollten die Illuminati und okkulten Führer des Dritten Reichs Europa und die Welt überrennen. Die SS wurde nach dem Vorbild und der Struktur des christlichen Jesuiten-Ordens aufgebaut, altgermanische und keltische Riten wurden magisch ausgeführt. Das Symbol der SS, die doppelte Sig- oder Sowulo-Rune, sollte den Schwarzen Rittern Kampfkraft und Unverwundbarkeit sichern. So, wie der Engländer Kirchberg alias Churchill – offiziell bekanntes Mitglied in einem (schwarzmagischen) Druidenorden – von dem Schwarzmagier und

Satanisten Aleister Crowley beraten wurde, so hatte Adolf Schickelgruber alias Hitler seine okkulten Berater in der »Thule-Gesellschaft«, einem tibetanischen Orden, sowie in der sogenannten 99er-Loge der FOGC (siehe Franz Bardon – FRABATO – Verlag Dieter Rüggeberg, Wuppertal. Der Autor hatte in der Vergangenheit Einsicht in originale geheime Logendokumente). Heilige Orte wie die Externsteine in Norddeutschland wurden geschändet, Mars-Dämonen verehrt. Adolf Hitler verkörperte das negative Dual des Kaspar Hauser. Nach der Meinung einiger bedeutender Mystiker war der Auftritt Hitlers die zwangsläufige Konsequenz der Ermordung Kaspar Hausers. Interessant sind hier die Ausführungen von Rudolf Steiner und Dr. Jens Martin Möller.

Es liegt nun an uns selbst, uns mit Mutter Erde, der Alten Kultur, unseren keltischen Ahnen und Gottheiten wieder auszusöhnen, den Mißbrauch wiedergutzumachen. Ergründen wir erneut das verlorene heilige Wissen, erweisen wir ihm den Respekt und die Verehrung, die ihm gebührt – denn alle Götter sind Ein Gott und Gott ist alle Götter!

Ritual zur Aussöhnung mit den Runen-Gottheiten und unseren Ahnen

Material

⬥ Große weiße Altarkerze guter Qualität
⬥ Räuchergefäß und Räucherkohle (Holzkohle)
⬥ Weihrauch, am besten Kopal (gibt es in der Apotheke)
⬥ Goldstift
⬥ Papier, am besten Pergament (Butterbrotpapier)
⬥ Neues Messer beliebiger Form, das in Zukunft immer als Ritualdolch Verwendung finden wird.

- *Günstiger Arbeitstag*: Donnerstag, Freitag oder Sonntag
- *Günstige Uhrzeit*: 12.00 Uhr mittags, 20.00 Uhr oder Mitternacht
- *Mond*: zunehmender Mond, am besten zwei, drei, vier, fünf oder sechs Tage nach Neumond oder genau Vollmond

Ausführung

Suchen Sie sich einen guten Platz irgendwo in der Natur, an dem Sie von nun an ungestört arbeiten können. Falls Sie in der Stadt wohnen und keine Möglichkeit für Sie besteht, in der Natur zu arbeiten, so können Sie alle Rituale auch auf dem Balkon oder in einem geeigneten Zimmer durchführen.

Die Zeit nach dem eigentlichen Ritual kann dann später als gemeinsames Picknick genutzt werden, falls Sie mit zwei oder mehreren Leuten arbeiten wollen. Vielleicht entsteht ja so eine Ritualgruppe, die sich zukünftig öfters trifft, um magisch zu arbeiten oder um Heilungsarbeit durchzuführen.

Falls Sie im Freien arbeiten können, empfiehlt sich auch das Anlegen einer Feuerstelle, an der nach der eigentlichen Ritualarbeit auch gegrillt werden kann. Wichtig für die Gruppe ist dabei, darauf zu achten, daß wirklich alle fröhlich sind und die Gesprächsthemen während des gesamten Zusammenseins ausschließlich positiver Natur sind, um die rituell entstandene Energie nicht unbewußt negativ zu beeinflussen.

Sehr wichtig ist auch, daß Sie stets kreativ sind und bei allem spirituellen Schaffen immer ganz besonders auf Ihre innere Stimme, auf Ihr Herz hören.

Halten Sie alle Arbeiten in einer Art magischem Tagebuch fest; hier wird nur stichwortartig niedergeschrieben, welches Ritual abgehalten wurde, der Tag, die Uhrzeit, die Teilnehmer und der Verlauf, eventuell auch die Beschreibung von Gefühlen und sonstigen Ereignissen, die mit der Ritualarbeit in Zusammenhang stehen. Dies ist besonders wichtig, um die spätere Entwicklung nachvollziehen und sich auch selbst kontrollieren zu können. Das magische Tagebuch ist für jeden guten Magier/Magierin eine absolute Pflicht.

Das bis hier Gesagte gilt allgemein für alle späteren Arbeiten, die wir in diesem Buch noch behandeln werden.

Wenn Sie Ihren Ritualplatz soweit ausgesucht und vorbereitet haben, beginnt die eigentliche und wichtigste Arbeit. Achten Sie jedoch genau darauf, daß sich an Ihrem Platz alles, die Umgebung und die Atmosphäre, gut anfühlt und es so weit wie möglich sichergestellt ist, daß Sie und Ihre Gruppe von nun an ungestört bleiben. Es wäre sehr störend, wenn bei Ihrem Zeremoniell plötzlich ungebetene, neugierige Zaungäste auftauchen würden.

⬧ Entzünden Sie nun Ihre Feuerstelle.

⬧ Bereiten Sie einen windgeschützten Stellplatz für Ihre Altarkerze vor.

⬧ Entzünden Sie nun die Räucherkohle in Ihrem Räuchergefäß. In der indianischen Tradition wird als Räuchergefäß oft eine große Muschelschale verwendet.

⬧ Nehmen Sie den Weihrauch in die linke Hand und stellen oder setzen Sie sich in Blickrichtung nach Norden in Zentrumsnähe Ihres Ritualplatzes. Halten Sie die rechte Hand über den Weihrauch. Bitten Sie nun Ihre Geistige Führung um Unterstützung und Kraft und segnen Sie jetzt das Räuchermittel auf folgende Weise:

⬧ Nehmen Sie den Weihrauch oder das Kopal in die rechte Hand. Gehen Sie in einer Abwärtsbewegung mit Ihrer Hand nach unten in Richtung Erde. Bitten Sie Mutter Erde (christlich: Mutter Gottes, Maria) um Kraft und ihren Segen. Halten Sie nun Ihre Hand mit dem Räuchermittel nach oben in jede Himmelrichtung und bitten Sie auf die gleiche Weise Vater Sonne (christlich: Christus, der Sonnenlogos) um Kraft und seinen Segen. Nun werden die Hüter der vier Winde gerufen. In der christlichen Magie wären dies die vier Erzengel: Norden Uriel, Element Erde; Osten Raphael, Element Luft; Süden Michael, Element Feuer; Westen Gabriel, Element Wasser.

Halten Sie die Räuchermittel nach Norden von sich weg, und bitten Sie den Hüter des Nordens und des Erdelements, den Nordwind, um seinen Schutz und Segen. Wenden Sie sich nun im Uhrzeigersinn nach Osten, den Ostwind bittend, dann nach Süden, den Südwind bittend, dann nach Westen, den Westwind bittend und schließlich wieder in die Ausgangsstellung, Gesicht nach Norden. Der Kreis ist geschlossen.

✧ Legen Sie das gerade gesegnete Räuchermittel auf die glühende Räucherkohle vor Ihnen. Der Weihrauch dient nun, ähnlich dem Rauch der heiligen Pfeife der indianischen Pfeifenträger, als Transportmittel unserer Gebete nach »oben«, zu Gott.

✧ Um Ihren magischen Raum zu kennzeichnen und nach außen hin zur Alltagswelt abzugrenzen, nehmen Sie nun Ihren Dolch. Halten Sie ihn mit der Spitze nach unten über den Weihrauch, und bitten Sie Mutter Erde um den Schutz, den Segen und die Kraft; drehen Sie nun die Spitze des Dolchs nach oben in einer Aufwärtsbewegung gegen den Himmel, und bitten Sie Vater Sonne um den Strahl der Macht im Namen des Allvaterwillens, um Schutz und Segen. Verfahren Sie genauso mit den vier Himmelsrichtungen analog der Segnung des Weihrauchs, indem Sie die Dolchspitze zur jeweiligen Himmelsrichtung drehen. Segnen Sie zukünftig alle Ihre magischen Utensilien, Kerzen, Gewänder usw. auf diese hier angegebene Art und Weise.

✧ Stellen Sie sich nun im Zentrum Ihres Ritualplatzes aufrecht hin und halten Sie den Dolch in der rechten Hand mit der Spitze weit ausgestreckt nach oben. Visualisieren Sie, wie Sie selbst an Größe zunehmen; fühlen Sie sich zwei- bis dreimal so groß wie Ihre tatsächliche physische Körpergröße. Sehen Sie sich auf diese Art und Weise hell und strahlend leuchten. Lassen Sie nun mit Hilfe Ihrer Vorstellungskraft erst weißes Licht, dann hellblaues Licht und schließlich tansanitfarbenes Licht (kräftiges dunkles Blau mit einem leichten Touch Rot) von der höchsten Göttlichen Ebene, die Sie sich vorstellen können, wie einen Laserstrahl in Ihren Dolch einfließen. Halten Sie diesen Vorgang so lange aufrecht, bis Sie die Kraft deutlich spüren. Diese

Lichtkraft Göttlicher Herkunft läßt nun Ihren Dolch mit Ihrer Persönlichkeit verschmelzen. Der Dolch und Sie werden eins. Der Dolch und Sie sind EINS!

❖ Markieren Sie nun auf irgendeine Weise einen großen Kreis um Ihren Ritualplatz. Sie können diesen Kreis entweder mit Steinen markieren oder sonstwie auf der Erde einzeichnen. Laufen Sie diesen Kreis, im Norden beginnend (in den meisten Kulturen wird im Osten, dem Luftelement begonnen, nicht jedoch in der keltischen Tradition), mit Ihrem Dolch im Uhrzeigersinn ab, indem Sie einen hellglühenden, aus Ihrem Dolch fließenden Licht- oder Laserstrahl visualisieren, der den magischen Kreis auf der energetischen Ebene manifestiert. Hierbei kommt es, wie überall in der Magie, besonders auf die Vorstellungskraft an sowie auf die innere Überzeugung, daß jede Handlung, die magisch ausgeführt wird, auch unbedingt wirkt – dazu ist auch unbedingtes Gottvertrauen, tiefster Glaube gefordert.

❖ Bitten Sie nun Mutter Erde und Vater Sonne um Schutz und Führung während Ihrer gesamten Arbeit am heutigen Tage, innerhalb Ihres Kreises. Bitten Sie auch nochmals, im Norden beginnend, die vier Winde um ihren Beistand.

❖ Ritzen Sie mit Ihrem geweihten Ritualdolch die 24 Runen des ältesten Runenalphabets, wie in der Zeichnung auf der folgenden Seite dargestellt, auf Ihre große weiße Altarkerze. Hinter jeder Rune steht eine keltische Gottheit – es ist deshalb erforderlich, sich mit entsprechender Achtung und Liebe mit den Runen und den Runengöttern zu verbinden.

❖ Schreiben Sie nun einen Vers auf Ihr vorbereitetes Pergament (hierzu können Sie beispielsweise einen Goldstift verwenden), mit dem Sie der Geistigen Welt signalisieren, auf welche Art und Weise Sie mit ihr zu arbeiten gedenken.
Es ist wichtig, daß Sie intensiv darüber nachdenken, was Sie bereit sind, der Geistigen Welt, dem Schöpfer und seinen Helfern zu versprechen, und wie Sie Ihre eigenen Kräfte einsetzen wollen. Nicht

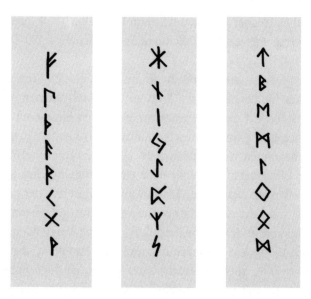

Die 24 Runen

empfehlenswert ist es, zu schwören oder zu geloben. Sagen Sie einfach nur mit Ihren Worten, daß Sie sich vornehmen, nach bester Kraft und bestem Wissen die Ihnen vom Schöpfer geschenkten Fähigkeiten einsetzen zu wollen – und bitten Sie um die Begleitung und Führung des Schöpfers und seiner Helfer, um Ihren Vorstellungen gerecht werden zu können. Wer zum Beispiel den Wunsch hat, das Heilen zu erlernen, und auf diesem Gebiet anderen Menschen helfen will, kann hier eine Art Versprechen geben. Ich, Bran, habe zum Beispiel vor einigen Jahren das Versprechen gegeben, mein Leben dem Dienste der Geistigen Welt zu unterstellen. Dies hat jedoch die Konsequenz, daß private Interessen absolut im Hintergrund stehen müssen, das heißt zweitrangig sind. Ein solches Versprechen hat eine sehr große Tragweite und ist in der Regel nicht mehr rückgängig zu machen. Überlegen Sie deshalb genau, was Sie wie formulieren. Es ist völlig in Ordnung, zu versprechen, nach bestem Wissen und Gewissen und unter dem Banner der Liebe alle spirituellen Arbeiten verrichten zu wollen. Falls Sie in einer späteren Zeit noch etwas hinzufügen möchten, können Sie das jederzeit tun. Ich weiß heute, daß ich solche Versprechen nicht nur in diesem jetzigen Leben, sondern bereits vor sehr, sehr langer Zeit geleistet habe. Wenn Sie hierüber meditieren, werden Sie vielleicht ähnliche Feststellungen bei sich machen können. Wir wünschen Ihnen, daß Sie die Zugänge zu Ihrer Seelenstärke finden werden, so es der Schöpfer erlauben wird.

◇ Entzünden Sie nun die Altarkerze mit der Runenschrift und verbrennen Sie Ihr Pergament, nachdem Sie Ihren Vers, Ihre Worte zu dem Schöpfer und seinen Helfern laut vorgelesen haben. Mit dem Verbrennen der Schrift ist das Werk vollbracht, und solange Sie selber im Lichte und unter dem Banner der Liebe handeln, können Sie der Hilfe des Großen Allesdurchdringenden Geistes, des Wahren Schöpfers sicher sein. Durch diese Handlungen, die Verbindung mit den Runen auf Ihrer Kerze, Ihr Versprechen und die Bitte an die Wahren Schöpferkräfte, durch den richtigen, aufrichtigen Umgang mit diesen Energien, haben Sie die wunderbare Möglichkeit, sich, Ihre Umwelt und die Erde zu heilen, beziehungsweise zur deren Heilung aktiv beizutragen. Durch den richtigen, aufrichtigen Umgang mit den Runen leisten wir einen wesentlichen Beitrag zur Wiedergutmachung des Mißbrauchs, nicht nur im Dritten Reich.

◇ Verbleiben Sie nun noch eine Zeitlang in Meditation. Wenn Sie das Gefühl haben, das Ritual sei zu beenden, dann tun Sie das, indem Sie nochmals von ganzem Herzen einen Dank an alle Helfer aussprechen. Gleichzeitig lösen Sie den magischen Kreis auf, indem Sie visualisieren, daß das aufgebaute Licht sich wieder auflöst und zurück in Ihren Dolch fließt. Die Altarkerze können Sie nach Belieben vielleicht über die nächsten Tage hinweg oder immer dann, wenn Sie spirituell arbeiten, entzünden. Denken Sie aber daran, daß geweihte Kerzen nicht mit dem Atem ausgepustet werden dürfen, sondern mit einem Kerzenlöscher gelöscht werden.

Keltische Götter
zum Schutz und für die Heilung

Wir wollen Ihnen, liebe Leser, die schon vertraut sind mit der Durchführung von Ritualen in Gruppen, nun folgenden Vorschlag eines Heilrituals geben:

Bauen Sie, wie bisher praktiziert, Ihren Ritualplatz auf. Auf den Altar legen Sie nun ein Foto der Personen, um deren Heilung Sie und eventuell Ihre Gruppe bitten wollen. Falls jemand in Ihrer Gruppe, vorausgesetzt eine solche besteht, Heilung benötigt, kann statt der Verwendung eines Fotos der oder die Kranke selbst auf einer Decke oder Liege ins Zentrum des Magischen Kreises neben den Altar gelegt werden. Wenn nun alle anwesenden Personen bereit sind, ziehen Sie den Kreis im Uhrzeigersinn mit Ihrem Dolch auf gehabte Art und Weise. Fassen Sie sich nun an den Händen, so daß Sie ebenfalls in Kreisform um das Foto oder die kranke Person stehen:

✧ Visualisieren Sie ein kräftig-blaues Lichtfeld in und über Ihrem Kreis.
✧ Bitten Sie alle unsichtbaren geistigen Helfer um Mithilfe bei der Heilung.
✧ Intonieren Sie folgende Runen-Namen langgezogen wie in einem Chor: 15mal Fehu, 32mal Uruz und 24mal Kenaz, wobei Sie sich die Runen auch blauleuchtend vorstellen.

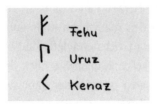

Halten Sie während dieser Zeit des Singens den Kreis immer aufrecht. Bevor Sie mit Heilungsarbeit beginnen, sollten Sie vorher über längere

Zeit mit diesen Runen üben. Auch Sie selbst werden dabei geheilt. Sie werden auch feststellen, daß sich bei dieser Art der magischen Runen-Technik enorm viel Energie aufbaut.

✧ Bitten Sie nun die Runen und die Runen-Gottheiten um Schutz und Heilung der betreffenden Person.

✧ Fühlen Sie dabei immer noch die Energie, die sich aufgebaut hat.

✧ Wenn Sie das Gefühl haben, daß die Zeit um ist, beenden Sie das Ritual auf die übliche Art und Weise und mit einem besonderen Dank.

✧ Jeder, der auf diese Art und Weise geheilt wird oder um Heilung bittet, sollte sich als Dank eine Gegenleistung ausdenken (zum Beispiel, selbst einer schwachen oder hilflosen Person zu helfen).

Das oben Beschriebene ist ein sehr mächtiges Ritual, und es erfordert Respekt und Achtung vor dem Schöpfer und der Erdenmutter.

IV.

MERLIN UND DIE PRIESTERIN

er war der sagenumwobene Merlin und was verbirgt sich hinter dem alten Avalon? Diese Fragen stellten schon viele. Nachdem, was wir wissen, war Merlin der Oberdruide, das spirituelle Oberhaupt der Druiden und keltischen Mönche Britanniens. Sein Rat war geachtet im ganzen Land und weit über dessen Grenzen hinweg. Und doch war Merlin nicht nur eine Person – nein, Merlin war ein Titel, der verdient werden mußte. Merlins Hilfe und Rat wurden sehnsüchtig erwartet, sei es vom König oder vom einfachen Bauernvolk. So zog er durch Britannien mit seinem Auftrag, dem Land, dem König und dem Volk zu dienen, mit all den Mitteln seiner magischen Macht.

In einem heiligen Ritual taten sich Merlin und die oberste Priesterin Avalons – Vivian, die Priesterin vom See – zusammen und zeugten in voller Absicht und reinstem Bewußtsein eine Tochter. Um die Inkarnation eines Meisters/einer Meisterin zu ermöglichen, meditierten beide, Priesterin und Priester, über lange Zeit hinweg und verbanden sich auf magisch-rituelle Weise mit einem bestimmten Gottesaspekt. Merlin invozierte die männliche Form der Göttlichen Vorsehung, des Einen Gottes, während Vivian dasselbe mit dem weiblichen Gottesaspekt tat, nämlich mit Mutter Erde, der Großen Göttin. In dieser Gottverbundenheit und tiefster innerer Reinheit wurde nun ganz bewußt ein Kind gezeugt – keineswegs jedoch aus Gründen sexueller Befriedigung, sondern aus der Erkenntnis heraus, daß jetzt der Mensch selbst zum Schöpfer und Lebensspender geworden ist. Durch die spirituelle Größe der beiden und durch die dabei geschaffene hohe Energiegrundlage – und nur unter diesen Voraussetzungen – war es möglich, daß einem spirituellen Meister zur Geburt auf dieser Erde verholfen wurde. Dies war die sogenannte »Unbefleckte Empfängnis«.

Das Mädchen, das nun Merlin und Vivian zeugten, wurde die Nachfolgerin ihrer Mutter, die neue Priesterin von Avalon. Sie gebar auf gleiche rituelle Weise drei uns bekannte Kinder: Morgan Le Fee, die große weiße Magierin, ihre Schwester Morgause, die sich später in verhängnisvoller Weise der Schwarzen Magie hingab, und Artus, der spätere Pendragon, König der Druiden und Britanniens. Merlin war demnach der Großvater dieser drei, die während ihres Lebens am Rad der Geschichte Englands und der Welt drehten.

Morgause wollte, wie in ihren späteren Leben auch, die Macht und Kontrolle alleine besitzen, und so inszenierte sie, unter Zuhilfenahme dunkelster Magie, den größten Verrat am Hofe des König Artus – den Fall und Tod ihres eigenen Halbbruders. Nach dem Verrat schaffte sie es, das Dritte Auge Artus' zu zerstören und ihm somit die Hellsichtigkeit zu nehmen. Das Gleiche versuchte Morgause bei Morgan Le Fee, was ihr auf Dauer glücklicherweise nicht gelang.

Diese kurze Darstellung der Geschichte wurde uns beim medialen Schreiben von unseren unsichtbaren Helfern übermittelt, und wir gehen davon aus, daß es sich so zugetragen hat.

V.

MUTTER ERDE –
DIE GROSSE GÖTTIN

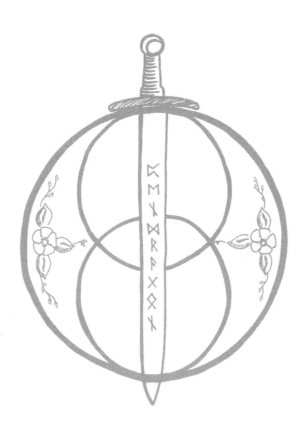

Mutter Erde, dies ist uns ein geläufiger Begriff. Wir verwenden ihn, ohne uns seiner tiefen Bedeutung bewußt zu sein. Unsere Erde ist kein großer toter Steinklumpen, sondern ein lebender Organismus. Ihr Gesundheitszustand bestimmt unser Leben und Überleben. Wir entscheiden, ob wir als schmarotzende Parasiten letztendlich zugrunde gehen oder in Symbiose mit diesem wunderschönen blauen Planeten leben wollen. Frühere Kulturen waren sich dieser Tatsache bewußt und verehrten die Erde als große Muttergöttin. Viele Namen wurden ihr gegeben, mit vielen Namen wurde sie angerufen, und doch war es immer die Eine, die Leben gibt und nimmt. Als Demeter wurde sie im alten Griechenland verehrt. Die Germanen nannten sie Freya, Frija, Frigg oder Frigaholda. Die germanische Freya, die blütenreiche Mutter der Natur und ihrer Fruchtbarkeit, war zugleich die Göttin der Liebe. An ihrem Tage, dem Freitag (dem *friday* der Engländer, *veneris* der Römer, *vendredi* der Franzosen, *venerdi* der Italiener), ließ man sich am liebsten verheiraten; dieser Brauch blieb bis heute erhalten.

Drachenlinien/Erdheilungsritual

Über die Drachenlinien, die sogenannten Meridiane – Energiebahnen – der Erde, wurde u. a. schon sehr ausführlich in den verschiedensten Geomantie-Büchern geschrieben. Deshalb wollen wir hier nicht wiederholen, was andere bereits festgehalten haben. Interessant erscheint uns jedoch, noch einmal anzumerken, daß die wichtigsten Energielinien – Drachenlinien – alle heiligen Kraftplätze auf dieser Erde in einer sagenhaften Geometrie miteinander verbinden. Erich von Däniken hat hier teilweise sehr genaue Forschungsarbeit geliefert. Adolf Hitler wußte von der Kraft dieser Linien und nutzte diese, indem er darauf die ersten deutschen Autobahnen baute, auf denen ja dann die Militärs des Dritten Reichs in Richtung Front marschierten. Die Militäreinheiten wurden so, ohne es zu wissen, von diesen Kraftlinien aufgeladen – gestärkt. Hitler hatte eine Schar von Wünschelrutengängern, die jeden Platz, auf dem Hitler seine Reden oder Ansprachen hielt, auf seine Energie auszumessen hatten. Genau der Platz des Nürnberger Reichstags, an dem Hitler seine Reden hielt, mit denen er ein gesamtes Volk verblenden und in den Wahnsinn treiben konnte, hat eine unvorstellbar starke Energie. Radiästhesisten konnten an diesem Ort eine gewaltige rechtsdrehende, positive Kraftspirale feststellen, die eine Ausstrahlung von über 30.000 Bovis-Einheiten hat. Der absolut gesunde Menschenkörper hat eine Lebenskraftausstrahlung von ca 7.000 Bovis. Das heißt also, daß er mehr als viermal so viel Kraft hatte wie irgendein anderer Mensch, wenn er an diesem Ort arbeitete. Man wollte nichts dem Zufall überlassen. Und so kann man verstehen, weshalb Nürnberg auch die Krönungsstadt der Deutschen Kaiser war.

Aber schauen Sie sich die Form des Pentagons der USA an. Hier wurde ein riesiges Pentagramm über die Erde gezogen, um unter Nutzung dieser Kräfte die Staaten Amerikas magisch zu schützen. Auch über das Land Baden erstreckt sich ein riesiges Pentagramm, in dessen Zentrumsnähe die Stadt Karlsruhe – Kaspar Hausers Geburtsstätte – liegt, zieht man Verbindungslinien zwischen verschiedenen Kirchtürmen und Obelisken. Und all diese so entstehenden geometrischen Figuren, die mit ihrer Winkelgenauigkeit fast schon erschrecken, sind übergeordnet mit den Drachenlinien der Erde in einer ebenfalls wundersamen Genauigkeit verbunden. So gibt es Verbindungslinien von Glastonbury (Avalon) und einigen Orten in Irland und Schottland zu den Externsteinen bei Detmold, über den Schloßturm von Karlsruhe (!) nach Nürnberg, zu den Pyramiden von Ägypten, den Pyramiden von Südamerika usw. Hier möchten wir noch anmerken: Die im Dritten Reich verwendete Swastika, dort Hakenkreuz genannt, hat eine rechtsdrehende Spirale, also überraschenderweise eine äußerst positive Kraft, die einfach mißbraucht wurde. Kriegsforscher haben festgestellt, daß die Kriegsstrategie Hitlers so ausgetüftelt wurde, daß sich die einzelnen Fronten in einer rechtsdrehenden Spirale, der Swastika nachempfunden, ausbreiteten. Fälschlicherweise behaupten die Schriften der Theosophischen Gesellschaft, die Swastika Hitlers sei eine auflösende Linksspirale (die Theosphische Gesellschaft hat selbst unter anderem die entgegengesetzte Swastika als Symbol). Wer hellsichtig oder ein guter Radiästhesist ist und die Fähigkeit besitzt, Energieformen zu sehen, wird die Rechtsläufigkeit des Hakenkreuzes, wie es Hitler verwendete, bestätigen. Leider ist dieses sehr heilige Symbol, ein Sonnenzeichen, durch das im Dritten Reich entstandene schwere Erdkarma (nicht nur das Karma der Deutschen, auch das derjenigen, die das ganze Schauerspiel finanzierten – z. B. einzelne Privatbanken der USA und anderer Nationen) unvorstellbar belastet. Auch hier wird eine Aussöhnung erforderlich werden.

Wir wissen nun von der chinesischen Akupunktur, daß das Blockieren der Meridiane im menschlichen oder tierischen Körper zu Krankheit führt. Und so, wie die meisten menschlichen Körper auf dieser Erde auf die eine oder andere Weise erkrankt sind, so ist die Erde erkrankt. Das heißt ganz einfach, daß die Drachenlinien der Erde an manchen Stellen blockiert sind, ähnlich einem feinen elektrischen System, das nach einem Kurzschluß nicht mehr funktionieren kann. Wir weisen immer wieder darauf hin, daß alles im Kosmos, auch die Magie, nichts anderes ist, als eine Art von Mathematik und Physik – Metaphysik eben. Entstehen konnten diese Blockaden der Lebensbahnen der Erde nur durch das mißbräuchliche Verhalten der Menschen auf ihrem Planeten. Lesen Sie hierzu die Hopi-Friedensbotschaft im Anhang dieses Buches, die wir mit freundlicher Genehmigung des Hopi-Botschafters Craig Carpenter sowie Bruno Minder veröffentlichen durften. Gehen Sie wieder zurück zum ursprünglichen, aufrichtigen Leben, denn nur die aufrichtigen, ursprünglichen Menschen oder die Menschen, die zu diesem Lebensweg zurückfinden, werden nach den Hopi die kommenden Jahre überstehen können. Wir, die Autoren, nehmen die Voraussagen der Hopi, dem ältesten noch lebenden Volk Amerikas, vielleicht der Erde insgesamt, sehr ernst. Nicht zuletzt soll dieses Buch auch den Zweck erfüllen, die Herzen der Menschen wachzurütteln, nicht um Angst zu verbreiten, sondern um zu mutigen Taten aufzurufen. Warum wir immer wieder von den Hopi reden, von Indianern, da dies doch ein an das Keltentum angelehntes Buch sein soll, werden Sie sich jetzt vielleicht fragen. Die Antwort lautet: Artus Pendragon, König von Britannien, Schüler des Merlin, von den noch lebenden aufrichtigen Druiden Englands, Irlands und Schottlands in der heutigen Zeit wieder erwartet, die gleiche Seele wie die Alexanders des Großen, wurde wieder inkarniert und lebt unter uns Menschen. Sie scheint dieselbe Seele zu sein, wie die des Bahana der Hopi, der mit einem magischen heiligen Schwert die Erde reinigen soll. Ein Schwert, das durch die Kraft des Nordsterns aufgeladen werden soll, um die bisherigen, lebensbedrohlich veränderten Lebenswege zu reinigen.

Wir wollen Sie hier unbedingt auffordern, für die Erde und die Aktivierung und Heilung der Erdgitter, der Drachenlinien, zu beten. In unserem ersten Buch »Rituale der Weißen Magie« (im gleichen Verlag erschienen) haben wir ein Beispiel gegeben für ein sehr effektives Erdheilungsritual – Lichtnetz zur Heilung der Erde – und weisen ausdrücklich auf diese Übung hin. Sie zeigen aber auch schon Verantwortung, wenn Sie eine weiße Kerze für die Heilung der Erde und der darauf lebenden Menschen segnen, sie täglich entzünden und mit eigenen Worten die geistigen Helfer des Wahren Schöpfers – Gottes – anrufen und um deren Hilfe bitten. Sie können ja die bereits hergestellte Runen-Kerze speziell zu diesem Zwecke verwenden.

In unserem oben erwähnten Buch haben wir für den Leser sehr ausführliche Rituale ausgearbeitet. In dieser Schrift wollen wir Sie aber auch dazu ermutigen, unsere Hinweise selbst und eigenverantwortlich zu eigenen Ritualen zu verarbeiten. Nur so leben Sie echte Verantwortung und spirituelle Größe. Achten Sie immer auf Ihre innere Stimme, auf Ihre Intuition und darauf, daß Ihre spirituelle Arbeit trotz allem Ernst immer Spaß und Freude bereiten sollte.

VI.

NATURGEISTER UND WESENHEITEN

Wir nähern uns hier einem Thema, das von vielen Menschen ins Reich der Märchen und Kinderphantasien eingereiht wird. Engel mag es gerade noch geben, aber wer glaubt schon an eine tatsächliche Existenz von Zwergen, Elfen und Nixen? Kehren wir da nicht zurück ins finstere Mittelalter? Wir wissen doch um die biologischen, physikalischen und chemischen Vorgänge beim Wachsen und Vergehen einer Pflanze, bei der Entstehung von Kristallen und anderem Gestein, die Zusammensetzung des Wassers scheint uns kein Geheimnis mehr.

Wissen wir es wirklich?

Was ist es denn, was aus einem unscheinbaren Samen eine Pflanze, einen Baum entstehen läßt? Dieses »Wunder«-bare Geschehen ist der Aufgabenbereich von Naturwesen. Den Menschen in alten Zeiten war es selbstverständlich, daß die Natur von geistigen Wesenheiten, von Elementargeistern (nicht zu verwechseln mit *Elemental*, siehe unser Buch »Rituale der weißen Magie«, Seite 37 f. und 99 f.), besiedelt ist. Sie stellten Nahrungsmittel an Plätze, von denen sie wußten, daß sich dort viele Wesen versammeln. Die Bergarbeiter hatten ihren Berggeist, der sie bei ihrer Arbeit begleitete und vor Unheil in den Bergschächten warnte. Die Fischer baten die Wesen des Wassers um einen guten Fang, und die weisen Frauen und Männer versuchten, die Elementargeister freundlich zu stimmen, damit die Ernte des Dorfes gesichert war. Noch heute gibt es einige alte Bauern, die den Baum, den sie fällen wollen, liebevoll tätscheln und ihn um Verzeihung bitten. Aber es sind nicht mehr viele. Die Natur wird nicht mehr geehrt, und dementsprechend sieht es auf unserer Erde aus. Wir zerstören nicht nur unseren eigenen Lebensraum, sondern auch den der Naturwesen.

Wer oder was sind aber diese Wesen?

Die Erde besteht aus den Elementen Feuer, Wasser, Luft und Erde. Die Eingeweihten fügen noch das Element Akasha hinzu. Akasha, das Ätherprinzip, ist das göttliche Urmeer, die Ursache, aus der alles erschaffen, geschöpft wurde und immer noch wird. Jedes Element wird von ganz spezifischen Wesenheiten vertreten, das heißt, in jedem Element sind Wesenheiten am Werke, die ganz bestimmte Aufgabengebiete haben. Keines dieser Wesen wird sich außerhalb seines Aufgabenbereichs betätigen. So gibt es aufbauende und abbauende (zerstörende) Kräfte, die harmonisch zusammenarbeiten. Innerhalb eines jeden Elements besteht eine Hierarchie. Da es in der Welt der Naturgeister kein Konkurrenzdenken und kein Ego wie beim Menschen gibt, entsteht durch diese Hierarchie auch keine Unterdrückung. Niemand ist besser oder schlechter, es bestehen lediglich verschiedene Kompetenzbereiche.

So unterstehen dem Feuer die Feuergeister, Salamander genannt. Da gibt es ganz sanfte Wesen, die das Kaminfeuer am Leben erhalten, aber auch wilde Burschen, die ganze Wälder abfackeln.

Unter den Wesen des Wassers gibt es Nymphen, Wassermänner und betörend schöne Wassernixen (Lorelei), die schon manchen Mann in ihren Bann gezogen haben.

Das Element Luft wird vertreten von Sylphen, von mächtigen Sturmgeistern und zarten, lieblichen Elfen.

In der Erde herrschen die Gnome und Zwerge.

In manchen Gegenden sind besonders viele Naturgeister zu finden. So z. B. an klaren Gebirgsbächen, in Wäldern mit altem Baumbestand, da wo der Mensch noch nicht zerstörerisch eingegriffen hat. In den nordischen Ländern nennen die Menschen die Naturwesen »das kleine Volk« oder »das verborgene Volk« (huldufólk).

Warum können nur ganz wenige Menschen die Naturwesen sehen?

Dies liegt daran, daß diese Wesen in einer höheren Frequenz schwingen als der Mensch. Stellen wir uns einmal Wasser in seinen drei Aggregatzuständen vor. Als Eis verdichtet, schwingt es äußerst langsam, also in sehr niederer Frequenz. Wir können es ganz deutlich sehen und anfassen. Schwingen die Moleküle schneller, verwandelt sich das Eis in

Wasser und ist nun nicht mehr so gut zu fassen. Beschleunigt sich die Schwingung weiter, so haben wir den Wasserdampf, der nur noch undeutlich wahrnehmbar und nicht mehr faßbar ist. Für unser Auge überhaupt nicht wahrnehmbar, da schneller oder langsamer schwingend, sind bestimmte Farben, z. B.: Infrarot und Ultraviolett. Der menschliche Hörbereich liegt zwischen 16 und 20.000 Hertz (Hertz = eine für Schwingungen jeder Art benutzte Größe, die angibt, wieviel Schwingungen in der Zeiteinheit erfolgen). Alle Töne, die darüber oder darunter liegen, sind für unser menschliches Gehör nicht wahrnehmbar. Trotzdem sind diese Farben und diese Töne vorhanden und werden zum Teil von Tieren wie Hunden und Katzen gesehen und gehört. Wenn Sie eine Katze zu Hause haben, ist es Ihnen vielleicht aufgefallen, daß sie etwas im Raum wahrnimmt, was Sie selbst weder sehen noch hören können.

Wenn nun der Mysterienschüler seine feinstofflichen Organe ausbildet und somit auch seine eigene Schwingung erhöht, bekommt er nach und nach Zugang zu Bereichen, die für andere Menschen verschlossen sind. Hat ein Mensch bereits in seinen Vorleben spirituell gearbeitet, trennt ihn in diesem Leben nur ein dünner Schleier von der »Anderwelt«, wie die Kelten diese Bereiche zu nennen pflegten. Ein kleiner Impuls kann manchmal ausreichen, diesen Schleier zu lüften.

Warum brachten die Menschen früher Opfergaben und Geschenke dar? Kann denn ein Naturwesen einen Apfel oder Getreidebrei essen? In erster Linie zeigten die Menschen mit ihren Geschenken ihre Freundschaft und hofften natürlich, die Naturwesen dadurch ebenfalls freundlich zu stimmen, wußten sie doch, daß menschliches Leben so eng an die Natur geknüpft ist, daß Leben und Tod von ihr abhängen. Und die Elementarwesen nahmen tatsächlich die Geschenke an und aßen sie. Nicht so, wie ein Mensch dies tun würde. Sie nahmen etwas von der Aura der Frucht in ihre eigenen Energiekörper auf, die grobstofflichen Früchte blieben dabei unversehrt.

Es gibt heute nicht mehr so viele Elementarwesen wie früher. Wir nahmen ihnen den Lebensraum, indem wir die Natur zerstörten. Da, wo früher die Wasserwesen fröhlich sangen und lachten, schwimmt nun in den Kloaken das Gift der Menschen. Nur wenige Wasserwesen können unter solchen Bedingungen leben. Die, welche ausharren in der Hoffnung auf eine Neubesinnung der Menschen, sind in einem jämmerlichen Zustand. Genauso sieht es in den Wäldern und auf den Wiesen aus, wo kaum noch Blumen blühen. Wo soll eine Blütenelfe wohnen, wenn es keine Blumenwiesen mehr gibt? Wo ein Baumgeist, wenn die Wälder abgeholzt und durch genmanipulierte Monokulturen ersetzt werden? Das Schlimmste jedoch, was wir Menschen den Naturwesen antun, sind unsere destruktiven Gedanken, die Gewalt und der Haß. Diese graue klebrige Energiemasse, die so entsteht, legt sich um die ganze Erde und fügt den Naturwesen unsagbare Schmerzen zu. Wir sind alle aufgefordert, diese tödliche Situation zu verändern. Jeder einzelne ist wichtig. Jeder noch so kleine Lichtfunke vertreibt die Schatten. Glaubt nicht, Ihr wärt nur ein kleines Rad im Getriebe, das nichts bewirken kann! Das stimmt nicht! Fangt bei Euch selbst an und Ihr werdet eine Kettenreaktion auslösen. Die Naturwesen hoffen auf jeden einzelnen von Euch. Beginnt damit, Eure Gedanken zu kontrollieren. Laßt nicht mehr zu, daß sie von Gewalt, Aggression, Haß und Angst beherrscht werden (siehe unser Buch: Rituale der weißen Magie). Eßt Nahrungsmittel aus biologischem Anbau, nicht nur um Eurer Gesundheit willen, sondern um die Natur zu heilen, die durch die konventionelle Landwirtschaft sehr zu leiden hat. Je mehr Menschen auf gesund angebaute Lebensmittel Wert legen, desto mehr Landwirte können den Schritt wagen und ihren Betrieb umstellen. Kauft in Zukunft alles bewußt ein. Überlegt Euch, wo es herkommt und letztendlich hinfließt und Schaden anrichten könnte (z. B. Putzmittel).

VII.

WETTERRITUAL

n allen Kulturen wurden und werden Regentänze abgehalten, wenn es lange Zeit nicht mehr geregnet hat und die Trockenheit beispielsweise die Ernte gefährden würde. Solche Regenrituale können wir insbesondere bei den schon erwähnten indianischen Kulturen beobachten.

Grundsätzlich hat kein Mensch das Recht, in die Geschehnisse der Natur derart einzugreifen, daß das Wetter oder sogar das momentan vorherrschende Klima verändert wird, da wir Menschen ohnehin schon genug in der Natur herumpfuschen. Doch kann es einmal eine Zeit geben, in der die Erschließung von Wasserressourcen lebensnotwendig wird. Lebensnotwendig, da wir durch Umweltverschmutzung, Atombombenzündungen und andere Verbrechen an der Erde das Klima derart zerstört haben, daß wir gezwungenermaßen auf magische Praktiken zurückgreifen müssen.

Eigentlich ist das Wettermachen eine der leichtesten magischen Praktiken, vorausgesetzt allerdings, daß die Naturgeister es gut mit uns persönlich meinen.

Die Naturgeister sind uns Menschen freundlich gesinnt, wenn sie erkennen, daß wir die elementaren Kräfte nicht aus purem Eigennutz und aus egoistischen Zwecken heraufbeschwören, und wenn sie sehen, daß wir dem gleichen Wahren Schöpfer dienen und IHN verehren, wie es auch die Naturgeister selbst tun. Sollten wir uns anmaßen, die Naturgeister zu etwas zwingen zu wollen, wird dies entweder überhaupt keine Wirkung haben – oder jedoch die Wirkung, daß sie uns kräftig auf die Finger klopfen.

Sollte dies passieren, so hätte man sehr große Unannehmlichkeiten zu spüren, die wir keinem wünschen. Eine solche Bestrafung könnte zum Beispiel so aussehen, daß mitten im Sommer tischtennisballgroße Hagelkörner auf Sie herniederschlagen und Sie dabei ernsthaft verletzt werden. Der schlimmste Fall wäre, daß sich die Blitzgeister zu Wort melden – doch diese kleinen Warnungen sollten genügen.

Das Regenritual

Als kleine Test- und Vorübung können Sie in die Natur gehen oder sich in einem Park auf eine Bank setzen und die Wolken beobachten, die über Sie hinwegziehen. Gehen Sie nun in tiefe Entspannung. Bitten Sie die Luft- und Sturmgeister um die Erlaubnis, mit Ihnen die Wolken zu verschieben. Erklären Sie ihnen jedoch genau (in Gedanken), warum Sie dies tun wollen. Eine Begründung wäre eben diese, daß Sie dem Schöpfer – wie die Luftgeister selbst – dienen und sich auf die Situation vorbereiten wollen, der Mutter Erde zu helfen, falls es einmal zu große Trockenheit geben sollte. Bitten Sie die Elementarkräfte um Freundlichkeit und Unterstützung bei Ihrer magischen Ausbildung, denn diese sind in der Tat in der Lage, Sie zu schulen.

Nach dieser kleinen Zwiesprache können Sie nun üben, die Wolken am Himmel mit Ihrer Gedankenkraft zu verschieben; vielleicht schaffen Sie es sogar, bestimmte Tierbilder mit Wolken zu bilden. Doch denken Sie daran, daß es niemals Sie selbst sind, die diese kleinen Wunder vollbringen, sondern immer die Helfer im Naturreich, in der Geistigen Welt. Wenn Sie es schaffen, Wolken zu verschieben, können Sie darangehen, nach der gleichen Methode bei Regenwetter zu verfahren, daß sie zum Beispiel ein Loch im Wolkenhimmel visualisieren; das geht besonders gut, wenn Sie sich dabei ein klares und strahlendes Hellblau vorstellen, das sich jetzt in den Wolken ausbreitet. Wenn Sie diese Übungen ein- oder zweimal geschafft haben, sollte es genügen. Die Naturwesen haben Ihnen dann signalisiert, daß sie dazu bereit sind, im Notfall gemeinsam mit Ihnen zu arbeiten. Würden Sie sich jetzt verleiten lassen, kleine Spielchen zu machen, um beispielsweise andere Menschen zu beeindrucken, wäre dies ein Mißbrauch, und Sie würden die unangenehmen Folgen am eigenen Leibe verspüren. Sollte es überhaupt nicht klappen, so muß auch dies zu diesem Zeitpunkt akzeptiert werden. Oft sind auch andere globale kosmische Gründe vorhanden, die eine magische Beeinflussung des Wetters nicht zulassen – wir wollen ja auch kein Chaos schaffen.

Falls es wirklich auf Grund einer bedrohlichen Klimaveränderung zu starker Trockenheit kommen sollte, dürfen Sie auf folgende Art und Weise rituell verfahren:

Bereiten Sie Ihren Ritualplatz vor, wie Sie es schon gelernt haben. Vergessen Sie nicht, wie gehabt alle Ritualgegenstände, Kerzen, Dolch usw. zu segnen. Bereiten Sie einen Altar vor, wie wir bereits in unserem ersten Werk beschrieben haben; das kann ein glatter Felsstein sein oder aber auch ein Tischchen. Entzünden Sie Räucherwerk, z. B. Kopal, und Ihre weiße Runenkerze als Symbol dafür, daß Sie den Göttlichen Willen über den Ihrigen setzen. Legen Sie auf Ihren Altar einen Holunderstab, Holunderbeeren oder -blüten (zur Not geht auch Holundermarmelade) und eine Schale voll Wasser als Symbol für den erwünschten Regen.

Begeben Sie sich nun in die Mitte Ihres Kreises und heben Sie die Hände weit nach oben gegen den Himmel. Laden Sie sich jetzt mit blauem Licht auf, indem Sie sich vorstellen, wie diese Energie mittels Ihres Atems über die offenen Handteller und Ihren Scheitel in Sie einströmt. Bitten Sie nun über Ihren Schutzengel und Ihren Geistführer um Unterstützung und Kontakt zu den Wesenheiten, die das Wetter steuern. Wenn Sie mehrere Teilnehmer sind, so stellen Sie sich im Kreis um den Altar und fassen sich an den Händen – gemeinsame Kraft ist geballte Kraft. Rufen Sie nun laut (nur so laut, daß nicht die ganze Nachbarschaft neugierig wird!): «Hollda (Frau Holle), wir rufen Dich, Hollda, wir rufen Dich, Hollda, wir rufen Dich!»

Frau Holle ist eine sehr hohe Wesenheit (Engel), keinesfalls eine Märchengestalt. Sie wird auch manchmal als Mutter Erde bezeichnet. Tragen Sie nun Ihre Bitte um »Regen als Segen« vor. Singen Sie 32mal den Vokallaut »A« und visualisieren Sie dabei eine hellblaue Licht-Wasser-Säule als Verbindung Ihrer gefüllten Wasserschale auf dem Altar hinauf zum Himmel. Bei dem Singen ist es wichtig, daß Sie mit der A-Tonschwingung eins werden und sich selbst dabei leicht, ja sogar schwerelos vorstellen. Nach dem Singen des Vokals visualisieren Sie nun, verbunden mit der so entstandenen Energie, Wolken, die sich am Himmel bilden, bis es nach Ihrer Vorstellung (in Ihrer Phantasie) zu regnen beginnt.

Manchmal muß dieses Ritual an drei Tagen nacheinander wiederholt werden, bis sich dann innerhalb von 48 Stunden der Erfolg zeigt. Sollte eine lange, bedrohliche Trockenheit vorherrschen, so muß dieses Ritual an mindestens 21 Tagen hintereinander wiederholt werden. Liegen keine globalen karmischen Gründe vor, wird es die Große Erdenmutter immer regnen lassen.

Vergessen Sie nicht, Sich vor der Beendigung des Rituals bei allen anwesenden unsichtbaren Helfern zu bedanken.

(*Anmerkung*: Beim Singen des A-Vokals, kann es anfangs zu Husten- und/oder Halsreizungen kommen. Dies liegt daran, daß diese Ton- und Farbschwingung auf das Herzchakra wirkt und dort vorhandene Blockaden gelöst werden. Dies ist zunächst normal, sollte aber mit der Zeit verschwinden. Es ist auch so eine gute Übung, den A-Vokalton zu singen, um die eigene Aura zu erweitern.)

VIII.

MAGISCHE FESTE –
Grundlage christlicher Feiertage

ls das Christentum unter den Germanen und Kelten seine ersten unsicheren Schritte machte, als die christlichen Priester alle Hände voll zu tun hatten, dem Volk den einen (männlichen!) Gott nahezubringen, versuchten sie sehr gewissenhaft und gründlich, die alten Gottheiten aus der Erinnerung der Menschen zu tilgen. Viele alte Kultplätze wurden auf diese Weise zerstört. Was die Römer bei ihren Eroberungszügen verschonten (da sie erkannten, daß ihre Gottheiten mit den germanischen und keltischen fast identisch waren), fiel der Christianisierung unwiederbringlich zum Opfer. Im Jahre 734 wurde ein Konzil abgehalten, auf dem nicht weniger als dreißig altgermanische Sitten und Bräuche zu Unsitten erklärt und mit dem Fluche belegt wurden. Bald jedoch mußten die Kirchenmänner feststellen, daß der alte Glaube so leicht nicht auszurotten war. Sie wählten eine neue Taktik und modelten die alten Gottheiten kurzerhand in christliche Heilige um. Viele Heilkräuter, die der hohen, helfenden Göttin Freya heilig waren, wurden nun zu Kräutern der Jungfrau Maria (z. B. Mariendistel, Unserer lieben Frauenmantel). Die alten heidnischen Feste wurden zu Kirchenfesten. Hier einige Beispiele:

✧ Das *Weihnachtsfest*
ist das meist gefeierte, aber auch das am meisten zum Konsumgenuß heruntergekommene Fest. Die Christen verschoben das Datum vom 21. auf den 24. Dezember. Ursprünglich ist es das Fest der Wintersonnenwende oder Julfest. Jul ist das nordische Wort für Rad und symbolisiert einerseits das Rad des Lebens, das Schicksalsrad, aber auch das Sonnenrad, welches im Jahreslauf über den Himmel zieht. Das Julfest ist der eigentliche Beginn eines neuen Jahres. Nach der langen dunklen Jahreszeit wird nun das Licht wiedergeboren, die Tage werden wieder länger. Kein Wunder, daß die Geburt Jesu, des Christus, der sagte:»Ich bin das Licht der Welt«, in diese Zeit gelegt wurde. Wie wenig wurde und wird diese Aussage verstanden. Der Dichter, Arzt und Priester Angelus Silesius (1624–1677) drückt es in seinem Werk 'Che-

rubinischer Wandersmann' folgendermaßen aus: »Wird Christus tausendmal zu Bethlehem geboren und nicht in dir, du bleibst doch ewiglich verloren.«

⋄ *Mariä Lichtmeß*
wird am 2. Februar, 40 Tage nach der Geburt Jesu, gefeiert. Maria war, nach Ansicht der Kirche, wie jede andere Frau durch die Geburt unrein und durfte erst nach 40 Tagen wieder die Kirche betreten, wo sie gereinigt wurde. Hätte sie eine Tochter geboren, wären es sogar 80 Tage gewesen! Im alten Glauben hieß dieses Fest Imbolg. Das Zunehmen des Lichts und die Ankunft des Frühlings wird gefeiert. In Irland ist dieser Tag der heiligen Birgit (früher Göttin Brigit) gewidmet.

⋄ Das *christliche Erntedankfest*
hieß im keltischen Glauben Lughnasadh und wird am 1. August gefeiert. Es war ursprünglich das Fest der ersten Ernte.

⋄ *Allerheiligen*
ist ursprünglich das letzte große Fest des Jahres. Die Erde beginnt zu sterben, um im Frühjahr erneut geboren zu werden. Man glaubte, an diesem Tag, der Samhain hieß, würden die Seelen der Verstorbenen auf der Erde wandeln. Die Tore zur »Anderwelt« sind an diesem Tag besonders leicht zu durchschreiten. Dieser Tag ist Frau Holle gewidmet, der Göttin des Todes und der Wiedergeburt. Auch Halloween ist ein verweltlichtes Überbleibsel dieses alten Festes.

IX.

ALTE KRAFTPLÄTZE

Weltweit gibt es sie, die Steinkreise, Pyramiden, Menhire; steinerne Zeugen einer vergangenen Ära. Viele wurden beschädigt oder bis auf wenige klägliche Überreste von meist christlichen Religionsfanatikern zerstört. Frauenstatuen, die vom vergangenen Matriarchat zeugen, wurden kurzerhand Köpfe und Brüste abgeschlagen. Als die Kirchenmänner feststellten, daß solch eine Zerstörung nicht ausreichte, das heidnische Europa zu bekehren, bauten sie ihre Kirchen über die Kraftplätze. An der Stelle, wo die Hohepriesterin oder der Druide ihre Rituale vollzogen hatten, stand nun der christliche Priester und rief mit erhobenen Händen seinen Gott an. Und da die Völker der Kelten und Germanen wußten, daß ein Gott alle Götter und alle Götter ein Gott sind, kamen sie in die Kirche, auf ihren alten heiligen Kraftplatz, um die heiligen göttlichen Ströme in sich aufzunehmen. Viele Kirchen, die auf solch alten heiligen Plätzen erbaut wurden, tragen den Namen ihres Schutzpatrons, Erzengel Michael, der die Christen vor den alten heidnischen Göttern beschützen soll und mit seinem Lichtschwert alles Böse bekämpft. Da nun aber die alte Religion nichts Böses ist, hat Erzengel Michael die heiligen Schwingungen nicht zerstört, was jeder feststellen kann, der aufmerksam eine Michaelskirche betritt.

Die Heilquellen, die auch heute noch eine große Anziehungskraft besitzen, waren bereits den Menschen der alten Religion heilig. Sie wurden lediglich umgetauft und bekamen Namen von christlichen Heiligen oder wurden zu Marienquellen, was auf eine Verehrung der Erdmutter, Göttin Freya, schließen läßt. Viel wertvolles Wissen ist auf den Scheiterhaufen der Inquisition verloren gegangen, doch die machtvollen Energien, die zu spüren sind, lassen erahnen, wovor sich die Kirchenmänner fürchteten und was sie mit aller Gewalt zu zerstören versuchten.

Die Steinkreise von Avebury und Stonehenge, Glastonbury Tor in England, die Pyramiden, die in vielen Ländern zu finden sind (z. B. die Faliconpyramide bei Nizza) sowie der Odilienberg im Elsaß flüstern uns leise ihre Geheimnisse zu, und wenn wir genau hinhören, können wir den Gesang aus längst vergangenen Tagen und Nächten wahrnehmen.

Nathalie und Michel Vogt erforschen bereits seit 14 Jahren den Odilienberg. In ihrem wunderschönen und sehr informativ gestalteten Buch »Die Heidenmauer vom Odilienberg« (erschienen im Selbstverlag, Bezugsquelle: Momo Buch- und Kulturhaus, Gerichtstraße 2, 77933 Lahr, Tel: 07821/38833. Über diese Anschrift lassen sich auch spannende Führungen auf dem Odilienberg mit Michel Vogt buchen) berichten sie:

»Beim Enträtseln der ältesten Schriften und bei Untersuchungen in jahrtausendealten Siedlungen stellen wir immer wieder eines fest: Aus unerfindlichen Gründen zogen bestimmte Plätze die Aufmerksamkeit der Völker, die sich auf der Suche nach einem geeigneten Ort zur Andacht befanden, stärker an als andere. Offenbar wählte man Orte, die den Bau und seine Konzeption favorisierten, und so entstanden bis zum heutigen Tag die rätselhaftesten Gebäude. Durch häufige Besuche der Gläubigen über Generationen, ballte sich dort eine derartige Anziehungskraft, daß man bald von geheimnisvollen oder geheiligten Orten sprach. Es dürfte uns wenig überraschen, daß man dort versuchte, eine Beziehung zwischen Himmel und Erde oder gar die Verbindung zum Kosmos herzustellen.

Solche Stellen sind wie eine Art von Akupunkturpunkten der Erde, die magnetische Wellen ausstrahlen und empfangen, und nur wenige unter uns können dies wahrnehmen.«

An anderer Stelle schreiben sie:
»Die Megalithen (griechisch: *mega* = groß und *lithos* = Stein) sind aufgrund ihrer beeindruckenden Größe hauptsächlich auf das abendländische Europa, Spanien und die baltischen Länder verteilt. Allerdings existieren auch in den Vereinigten Staaten, in North Salem, Anlagen, die mit unseren europäischen Tumulussen identisch sind! Zweiundzwanzig Bauten, auf einen halben Hektar verteilt. (...) Hat also vor den Wikingern und vor den Kelten eine Überquerung des Atlantik stattgefunden? [*Anmerkung der Verfasser:* ja, vor der großen Flut zu Zeiten von Atlantis.]

Die Megalithen werden in drei Kategorien zusammengefaßt: Steine, die in einer Reihe aufgestellt sind, aufgestützte Steinplatten (Tumulus) und riesige, einzeln oder zu mehreren zum Himmel aufgerichtete Steine (Menhire). Natürlich ist es schwierig, sich diese zu erklären. Die aufgerichteten Steine sind am schlechtesten erklärbar. Man spricht von Säulen, die ein Territorium begrenzen oder die Stellen markieren, an denen starke tellurische Ströme fließen (...).

Um die Realität von der Legende zu entflechten und um sich Klarheit zu verschaffen, entschied der Forscher Paul Devereux, eine großangelegte Operation vorzunehmen. 'Alle diese Behauptungen kosten nicht viel. Die Untersuchung auf dem Terrain erfordert mehr Mühe und Eigenwilligkeit als sie an Resultaten und Ruhm einbringt. Das, was wir erreicht haben, war schwierig herauszufinden.' Er führte umfangreiche Arbeiten durch, die auf der Physik und Metaphysik basieren. Er nannte seine Aktion 'Projekt Drache', in der Anlehnung an ein antikes chinesisches Symbol, das tellurische Energie bezeichnet. Diese mit größter Genauigkeit durchgeführten Arbeiten brachten erneut Licht in die heiligen Stätten und auf die Megalithen. Seinen Ergebnissen zufolge waren die zum Himmel gerichteten Steine eine Zwischenstation von bis dahin unerklärlichen tellurischen Strömungen. Die Wellenübertragung beginne 20 Minuten vor Sonnenuntergang und sei ein oder zwei Stunden später beendet. Die natürliche Radioaktivität übersteige fast immer ihre normalen Werte, und unter anderem sind die mit Megalithen übersäten Stätten in Frankreich reich an Uranium. In den Vereinigten Staaten oder in Australien befinden sich die heiligen Stätten der Eingeborenen auf bedeutendem Uranvorkommen. Mit Zurückhaltung erklärt dies die Gier nach Enteignung ihrer Gebiete. Nach den Arbeiten von Paul Devereux ist es sicher, daß solche Plätze einen Magnetismus freilegen. Überlieferungen behaupten sogar, daß man mit bestimmten Megalithen gebrochene Knochen zusammenschweißen könne. [*Anmerkung der Verfasser:* Auch heutzutage werden Knochenverletzungen mit Magnetfeldern zur Beschleunigung der Heilung behandelt.] (...) Auf jeden Fall setzen sich die Arbeiten von Paul Devereux fort (...)«.

Soweit aus dem Buch von Nathalie und Michel Vogt, die Erstaunliches über den Odilienberg zu berichten haben.

X.

DER MAGISCHE AUFBAU VON KRAFTPLÄTZEN

Schutz des eigenen Grundstücks und von Häusern

Viele alte Kraftplätze, die über die Jahrtausende als Heiligtum verehrt wurden, haben ihre ursprünglich positive Kraft verloren, weil sie in der Vergangenheit, beispielsweise auch durch Blutopfer, mißbraucht wurden. Indianische Lehrer sagen, daß in einem solchen Fall die positive Kraft frei wird und es möglich sei, diese nun freie Energie an andere, neue Plätze zu binden. Dies würde ich jedoch ausschließlich über das Gebet erbitten, nachdem Sie sich Ihren eigenen Platz entweder im Haus, in der Wohnung oder im Freien geschaffen haben.

Kraftplätze bauen sich unter anderem durch eine besondere, dem ungeschulten Auge und Sinn verborgene, heilige Geometrie auf, die durch ihre Struktur besondere elektrische, magnetische oder elektromagnetische Felder bildet. Damit Sie auf einfache Art und Weise selbst solche Felder aufzubauen können, geben wir Ihnen ein paar Skizzen an die Hand, als Anregung, selbst kreativ zu werden. Das Wichtigste ist jedoch, daß, falls Sie mit Spiralen und Steinkreisen arbeiten wollen, diese immer eine rechtsläufige, also dem Uhrzeigersinn entsprechende Drehrichtung haben müssen, um positiv zu wirken (siehe Abbildung auf S. 88)!

Besonders effektiv und energetisch hochwertig ist es, ein großes Pentagramm, die Spitze nach Norden ausgerichtet, über Ihrem Haus und Grundstück oder Ihrem Ritualplatz zu installieren. Hierbei verfahren Sie einfach so, daß Sie die geometrischen Eckpunkte winkelgenau (!) durch Steine, Pyramiden oder Pflanzen/Bäume markieren und dann durch Visualisieren diese Eckpunkte energetisch miteinander verbinden. Zu diesem Zweck stellen Sie sich ein helles Licht vor, das im Uhrzeigersinn von Norden oder Osten her Punkt für Punkt miteinander verbindet, bis sich das Zeichen oder Symbol in Ihrer Vorstellung fest und helleuchtend ver-

Beispiel für einen Spiralweg im Garten

Sitzplatz

ankert hat. Anfangs sollten Sie diese Übung so oft es geht durchführen, mindestens aber einmal täglich 28 Tage lang, beginnend bei Vollmond oder zumindest zunehmendem Mond. Je öfter Sie diesen Ritus wiederholen, desto stärker wirken die gewünschten Schutzkräfte. Am wirklich hervorragend geschaffenen Plätzen kann sich mit der Zeit eine derart starke Ausstrahlung aufbauen, daß allein durch die Anwesenheit an einem solchen Platz Krankheiten geheilt werden können (siehe z. B. Lourdes oder den Odilienberg im Elsaß).

Als besonders effektiv möchten wir das Verwenden von Pyramidenmodellen bezeichnen. Eine Energiepyramide muß so ausgerichtet sein, daß eine ihrer Kanten genau in der Linie Nord-Süd liegt, nur dann kann sie voll zur Wirkung gelangen. In Paul Liekens' Buch »Die Geheimnisse der

Pyramiden-Energie«, Verlag Windpferd, das wir dem interessierten Leser hier empfehlen möchten, sind genaue Untersuchungen und Bauanweisungen gegeben und sehr gut beschrieben. Beim Bau einer Pyramide könnte man so weit gehen, z. B. ein Pyramidenhaus nach Wilhelm Reich, also eine Orgonzelle, herzustellen. Allerdings ist die Energie einer solchen Zelle derart stark, daß sie nicht von jedermann vertragen werden kann. Literatur über diese Technik Wilhelm Reichs oder die des Nikola Tesla kann man im einschlägigen Buchhandel oder im Internet finden. Doch nun zum Bau einer Pyramide. Eine einfache Methode nach Liekens ist folgende: »Sie nehmen ein Stück kräftigen Karton (für unser Modell würde ich dünnes Kupferblech verwenden, Holz, Glas oder Kunststoff eignen sich jedoch auch) und zeichnen darauf eine Basis-Linie von 31,4 cm Länge. Im Mittelpunkt dieser Linie ziehen Sie mit einem Zeichendreieck eine Lotrechte von ca. 30 cm Länge. Dann legen Sie ein Li-

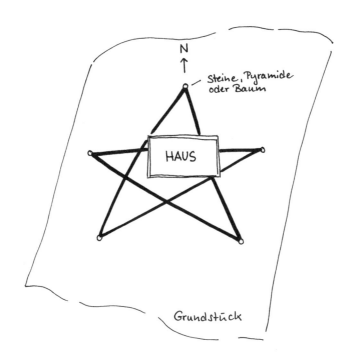

neal mit seinem 0-Punkt auf einen der beiden Endpunkte der Basis-Linie und verschieben das Lineal unter Beibehaltung des 0-Punktes auf der Lotrechten, bis Sie genau 29,9 cm haben. Von diesem Punkt auf der Lotrechten ziehen Sie je eine Linie auf die Endpunkte der Basis-Seite. Dann schneiden Sie dieses Dreieck aus und fangen von vorne an, bis Sie vier Dreiecke haben. Nun legen Sie drei dieser Teile mit der schrägen Seite gegeneinander und fixieren mit Klebeband die Stoßkanten. Stellen Sie die Pyramide auf und kleben Sie die restlichen Kanten sauber zusammen.« Bei dickerem Material wie Holz, müssen Sie die Kanten auf Gehrung schneiden, um die Paßgenauigkeit sicherzustellen. Wer selbst nicht basteln kann oder will, kann sich auch fertige Pyramiden kaufen, die jedoch meist recht teuer sind.

Ein indianischer Schutz von Grundstück, Haus und Räumlichkeiten

Eine sehr gute, aus der indianischen Kultur übernommene Ritualistik gegen magische Angriffe und zum Schutze vor anderen negativen Energien ist das Aufhängen speziell hergestellter Tabaksäckchen in jeder der vier Himmelsrichtungen. Wenn Sie eine Wohnung oder einen einzelnen Raum schützen wollen, so empfiehlt es sich, diese Tabaksäckchen an jeweils einer Wohnungsseite entsprechend den Himmelsrichtungen anzubringen. Wenn Sie auf diese Weise Ihren Garten, Ritualplatz oder Ihr gesamtes Grundstück schützen wollen, sind die Säckchen jeweils an den äußersten Rand des Grundstücks in jede Himmelsrichtung aufzuhängen. Für diesen speziellen Fall eignet sich besonders ein Pyramidenmodell, das sie dann viermal auf Ihrem Grundstück (oder auch im Haus) verteilen; den geweihten Tabak sollten Sie innerhalb der Pyramide feuchtigkeits- und windgeschützt unterbringen. Doch warum Tabak? Tabak ist bei den amerikanischen Ureinwohnern eine der bedeutenden heiligen Pflanzen. Er hat die wichtige Eigenschaft, Schwingungen wie ein Schwamm aufzusaugen und abzuspeichern. So konnte beispielsweise nach dem Unfall in Tschernobyl eine extrem hohe radioaktive Verstrahlung bei den Tabakpflanzen festgestellt werden, was das zuvor Gesagte bestätigt.

indianische Farben :

O - Luft, weiß
S - Feuer, gelb
W - Wasser, schwarz
N - Erde, rot
Mutter Erde, grün
Himmel, blau

unsere Farben :

O - Luft, blau
S - Feuer, rot
W - Wasser, silber / türkis
N - Erde, gelb

Vorgehensweise

✧ Fertigen oder besorgen Sie sich vier Stoffbeutel in den jeweiligen Farben der Elemente und Himmelsrichtungen. Wir wollen es Ihnen selbst überlassen, ob Sie nun die traditionellen Farbzuordnungen aus der indianischen Kultur oder die westlichen Zuordnungen verwenden möchten (da beide sich sehr unterscheiden); wichtig ist nur, daß Sie sich für *ein* System entscheiden und die Zuordnungen nicht untereinander vermischen.

✧ Ziehen Sie Ihren magischen Kreis.

✧ Nehmen Sie nun Pfeifen-Tabak bester Qualität und halten Sie diesen, wie bereits gelernt, über Weihrauch oder Kopal. Dabei segnen Sie Ihren Tabak und bitten Mutter Erde und Vater Sonne um ihren Segen sowie um die Übertragung besonders starker Schutzkräfte.

✧ Teilen Sie den Tabak in vier gleiche Häufchen, und legen Sie diese, zusammen mit den farbigen Stoffbeutelchen, jeweils in eine Himmelsrichtung innerhalb Ihres Kreises um sich herum.

✧ Rufen Sie innerhalb Ihres Kreises die Vier Hüter der Elemente. Beginnen Sie im Norden (keltische Tradition – Bezug zum Polarstern) oder im Osten (indianische Tradition), je nach Ihren eigenen Vorstellungen. Im Norden beginnend und mit Blick in diese Richtung, sprechen Sie: *»Hüter und Wächter des Nordens, mächtiger Nordwind, ich (oder wir) rufe(n) Dich«* (dreimal rufen). *»Ich bitte Dich um Deinen Schutz und Deinen Segen jetzt und in aller Zeit!«* Drehen Sie sich nach Osten: *»Hüter und Wächter des Ostens, mächtiger Ostwind, ich rufe Dich (dreimal). Ich bitte Dich um Deinen Schutz und Deinen Segen jetzt und in aller Zeit!«* Drehen Sie sich nun weiter nach Süden und nach Westen, wobei sie die Anrufungen nach der jeweils gleichen und der Himmelsrichtung entsprechenden Art und Weise je dreimal wiederholen. Drehen Sie sich dann weiter nach Norden (oder Osten, wenn Sie im Osten begonnen haben sollten), so daß Sie wieder in Ihrer Ausgangsstellung zum Stehen kommen. Sprechen Sie nun weiter: *»Mutter Erde und Vater Sonne, Hüter des Nordens, Hüter des Ostens, Hüter des Südens, Hüter des Westens, ich bitte Euch im Namen des Allumfassenden Großen und Wahren Geistes, des Erbauers von Himmel und Erde, reinigt jetzt und hier diesen Tabak, verseht diese heilige Pflanze mit dem reinigenden Segen und Eurem Schutze, so daß von nun an nichts Destruktives irgendwelcher Art den Ort, an dem diese vier Tabakbeutel sich befinden, mehr betreten kann! Dafür danke ich Euch von ganzem Herzen, im Namen des Großen Geistes!«*

✧ Füllen Sie die Stoffsäckchen mit dem entsprechenden Tabak und legen Sie diese auf Ihren Altar.

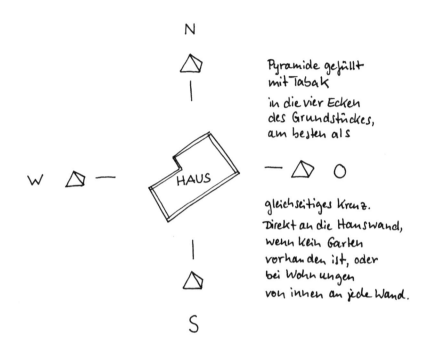

N

W — HAUS

S

Pyramide gefüllt
mit Tabak

in die vier Ecken
des Grundstückes,
am besten als

— △ O

gleichseitiges Kreuz.
Direkt an die Hauswand,
wenn kein Garten
vorhanden ist, oder
bei Wohnungen
von innen an jede Wand.

❖ Bedanken Sie sich nochmals bei allen unsichtbaren Helfern und lösen Sie dann den magischen Kreis wieder auf.

❖ Hängen Sie nun, wie auf der Zeichnung beschrieben, die Tabaksäckchen an den entsprechenden Stellen auf bzw. legen Sie diese unter die entsprechende genau ausgerichtete Pyramide.

Von nun an ist der Raum oder das Grundstück von den unsichtbaren Helfern (Engeln) geschützt. Seien Sie sich dessen immer bewußt, wenn Sie selbst diesen Ort betreten oder sich darin aufhalten. Sie sollten über dieses Schutzritual Stillschweigen bewahren.

XI.

HEILIGE PFLANZEN UND BÄUME

Diese Aufzählung ist keinesfalls vollständig, sondern nur ein kleiner Ausschnitt der schon seit langer Zeit verehrten und verwendeten Pflanzen und Bäume. Denn in Wirklichkeit sind alle Pflanzen und Bäume heilig.

Holunder

Dies ist der Baum der erhabenen Frau Holle. Beschädigen oder fällen darf man diesen Baum beileibe nicht, da die Weise Frau (auch dies ist ein Urbild der Frau Holle) in ihm verborgen ist.

Die Gottheit des Lebens war im Altertum auch stets die Gottheit des Todes. Denn beides ist ja unabdingbar miteinander verbunden. Auch der Tod war somit der Anfang eines Lebens, nämlich des Lebens in der »Anderwelt«, in der Geistigen Welt. Und es war selbstverständlich, daß man in einem neuen Körper wieder auf diese Erde kommen würde. Folgerichtig war Frau Holle im alten Glauben die Gottheit allen Entstehens, Werdens und Lebens. Später im Christentum wurde das Jenseits zu einem Schreckensgericht stilisiert und Frau Holle (auch Göttin Hel genannt) wurde zur Hölle umfunktioniert.

Früher gab es keinen Bauernhof, der nicht einen Holunder gepflanzt hatte. Er war der Schutzbaum vor allem Bösen. Wem etwas gestohlen wurde, der ging vor Sonnenaufgang zu einem Holunder, bog ihn mit der linken Hand gegen Osten und sprach: »Holderstaude, ich tu dich drücken und bücken, bis der Dieb das Gestohlene bringt!« Hollerblüten wurden in der zwölften Stunde der Nacht gepflückt und sorgsam als Heilmittel aufbewahrt. Ein Kreuz aus seinem Holz wurde den Toten in den Sarg gelegt und seine reifen Beeren schützten das Vieh vor dem Viehschelm (=Rinderpest). Unter dem Holderbusch hielt sich der Schläfer vor jedem Unfall, vor Schlangen, bösen Hexen und todbringenden Mücken sicher, ihn erwarteten schöne Träume, und er hatte nicht selten das Glück, von lustigen, lichthellen Elfen (die Holden der Holle!) umtanzt zu werden.

Jeder sollte einen Holunder ans Haus pflanzen, er bringt Glück und Schutz. Ist kein Garten beim Haus, kann man die Holunderstaude auch in einen Kübel pflanzen.

Eiche

Im germanischen und keltischen Altertum galt die Eiche als einer der heiligsten und meist verehrten Bäume. Die heiligen Eichenhaine waren die Ritualplätze der Druiden, demzufolge sie Eichenmänner genannt wurden.

Sie war dem germanischen Gott Donar geweiht, der wie Jupiter mit Blitz und Donnerkeil über den Himmel zieht. Beiden Gottheiten sind der Donnerstag und die Eiche heilig! Im Litauischen heißt der Donnergott Perkunas, was auf eine bereits vorgermanische Gottheit schließen läßt. Der Name bedeutet: 'zur Eiche gehörig'. Der litauische Donnerer führt also eigentlich den Namen Eichengott. Ein Überbleibsel der alten Religion ist wahrscheinlich auch der häufig bei Gewitter zitierte Spruch: Eichen sollst du weichen, Buchen sollst du suchen.

Erle

Erlkönig (Goethe)

Wer reitet so spät durch Nacht und Wind?
Es ist der Vater mit seinem Kind;
Er hat den Knaben wohl in dem Arm,
Er faßt ihn sicher, er hält ihn warm.

Mein Sohn, was birgst du so bang dein Gesicht?-
Siehst, Vater, du den Erlkönig nicht?

Den Erlkönig mit Kron' und Schweif?-
Mein Sohn, es ist ein Nebelstreif.-

«Du liebes Kind, komm, geh mit mir!
Gar schöne Spiele spiel ich mit dir;
Manch bunte Blumen sind an dem Strand,
meine Mutter hat manch gülden Gewand.«

Mein Vater, mein Vater, und hörest du nicht,
was der Erlenkönig mir leise verspricht?-
Sei ruhig, bleibe ruhig, mein Kind;
In dürren Blättern säuselt der Wind.-

«Willst, feiner Knabe, du mit mir gehen?
Meine Töchter sollen dich warten schön;
Meine Töchter führen den nächtlichen Reihn
und wiegen und tanzen und singen dich ein.«

Mein Vater, mein Vater, und siehst du nicht dort
Erlkönigs Töchter am düsteren Ort?-
Mein Sohn, mein Sohn, ich seh es genau:
Es scheinen die alten Weiden so grau.-

«Ich liebe dich, mich reizt deine schöne Gestalt;
Und bist du nicht willig, so brauch ich Gewalt.«-
Mein Vater, mein Vater, jetzt faßt er mich an!
Erlkönig hat mir ein Leids getan!-

Dem Vater grauset's, er reitet geschwind,
er hält in Armen das ächzende Kind,
erreicht den Hof mit Müh und Not;
in seinen Armen das Kind war tot.

Die Erle symbolisiert gleichzeitig Tod und Wiedergeburt. Sie ist der Baum von Gott Bran – dem Besitzer eines magischen Kessels, der Tote zum Leben erwecken kann– sowie der Baum des schwarzen Raben, des Vogels der Magie.

Johanniskraut (Hypericum perforatum)

Um Johanni (24. Juni) blüht dieses Kraut mit seinen gelben, von hellen Öldrüsen »durchlöcherten« (daher das lateinische Beiwort *perforatum*) Blütenblättern, die beim Zerreiben zwischen den Fingern rote Flecken hinterlassen. Es soll das Blut von Johannes dem Täufer sein.

Johanniskraut ist eines der Kräuter, die dem Gott Donar/Thor gewidmet sind. Diesem altgermanischen Gott waren so ziemlich alle Pflanzen und Tiere heilig, deren Äußeres eine gelblichrote Färbung trägt. So auch wegen ihrer roten Früchte die Eberesche, unter den Tieren besonders das rotbrüstige Rotkehlchen, der Fuchs, der Wolf und der Bock. Dieser letztere war so sehr Vertreter des Hammerschwingers, dessen Gespann bekanntlich in der Mythologie auch von Böcken gezogen wird, daß der rotbärtige Donnergott, der Wolkenerschütterer, der Gott allen Zaubers, in christlicher Zeit allmählich mit dem Teufel identifiziert wurde.

Im Zuge der Christianisierung verlegten die Kirchenväter das alte Fest der Sommersonnenwende, bei welchem Johanniskraut (Hartheu) den Altar schmückte, vom 21. auf den 24. Juni und widmeten diesen Tag Johannes dem Täufer.

In Süddeutschland banden die Frauen Sträuße von Johanniskraut vors Fenster, um Gewitter zu vertreiben, wieder ein Brauch, der an den alten Donnergott erinnert.

Mandragora

Einen der interessantesten Pflanzennamen bietet uns die deutsche Benennung der Mandragora in dem Wort Alraune (»Allwissende«). Auch das gotische Wort *runa* (»Geheimnis«) liegt darin verborgen und verrät die gleiche Abstammung wie die zauberumwobenen Runen der Germanen, die der Gott Odin/Wotan erhielt, nachdem er neun eisige Nächte am windkalten Weltenbaum hing. Tacitus berichtet, daß die weisen Frauen der Germanen, die in die Zukunft und Vergangenheit blicken konnten, Alrunen oder Alraunen genannt wurden. Und bis heute bedeutet unser stammesgleiches Wort »zuraunen« ein geheimnisvolles Flüstern.

Die Form ihrer Wurzel gleicht einer menschlichen Gestalt ähnlich der chinesischen Ginsengwurzel. Sie ist die seltenste, meistgesuchte und meistgefälschte Pflanze des Altertums und wächst in Italien, Griechenland, Kleinasien und Syrien. Griechen und Römer benutzten diese »Pflanze der Circe« als Amulett gegen Zauberei. Wegen ihrer Ähnlichkeit mit dem menschlichen Körper hielt Pythagoras sie für einen in eine Pflanze verwandelten Menschen. Die Menschenähnlichkeit der Alraune wurde noch erhöht, indem man aus dem oberen Teil der Wurzel durch Abschnüren mit einem Faden einen Kopf herstellte. Der Kopf erhielt dann eine Art Gesicht und Haare.

Die Alraune enthält hochwirksame Alkaloide, was bei innerer Einnahme in falscher Dosierung zum Tod führen kann. In der ägyptischen Heilkunde war sie wegen ihrer betäubenden, schmerzstillenden Wirkung ein geschätztes Medikament.

Häufig wurde die Alraune zum Schutz vor Gewitter im Hause aufgehängt oder als Amulett um den Hals getragen. Der Landmann trug sie gerne bei sich, denn sie hielt ihm das Vieh auf der Weide und im Stall zusammen. Sie half bei Unfruchtbarkeit der Frauen und sorgte auch für finanzielle Fruchtbarkeit. Liebestränke wurden aus ihr hergestellt. Sie galt als Aphrodisiakum, was ihr einen schlechten Ruf einbrachte. Nachdem das Christentum in Germanien eingedrungen war, wurde die Alraune zu den Teufeln verdammt, und man erzählte alle möglichen schrecklichen Dinge über sie. Nun war sie kein überirdisches, wohlwollendes Wesen mehr, sondern eine dämonische Pflanze.

Sie wuchs nun unter dem Galgen, wo zuvor ein Gehängter in seinen letzten Lebenszügen uriniert und ejakuliert hatte. (Es war allgemein bekannt, daß dies bei Eintritt des Todes durch Erhängen stets der Fall ist.) Von einer wissenden Frau wurde sie unter fürchterlichen Beschwörungsformeln um die Zeit der Sonnenwende im letzten Mondviertel ausgegraben, nur schwer entriß sie die Alraune der Erde. Sie nahm sie in ihre Arme, und siehe, die Wurzel regte sich bereits unheimlich. Sie trug sie nach Hause und legte sie auf eine weiche Lagerstatt. Aber wie sah das kleine Ungeheuer aus! »Wo die Haare lieblich flattern, um Menschenstirnen freundlich wehen, da hat es Borsten auf dem unförmigen Kopfe.« Als Ersatz für die fehlenden Augen steckte das Weib ihm ein paar Wacholderbeeren in die betreffenden Stellen, und die Beeren wurden schnell zu wirklichen, freilich nicht ovalen, sondern kreisrunden Augen. Seitdem das Weib einmal dem mißgestalteten, der widerwilligen Erde abgerungenen Geschöpfe das Leben gegeben, hing es mit Leib und Seele an ihm, erzog es, ohne daß es indes sein Wachstum über die Größe eines dreijährigen Kindes hinauszubringen vermochte. Versäumte sie, das häßliche Geschöpf zu baden, so heulte es laut, was grauslich anzuhören war. Dabei durfte es nur in unverfälschtem Wein gebadet werden. Ausgewachsen zeigte sich nun das Geschöpf in seiner ganzen teuflischen Bosheit – ein unverkennbarer Epigone (Nachkomme) des Teufels: Durch Springen und Klettern über Häuser und Dächer ängstigte es seine Besitzerin, um diese anschließend wegen ihrer Angst herzlos zu verlachen und zu verhöhnen. Dann wieder zeigte es ihr im Schoße der Erde verborgene Schätze. Die Frau hob dieselben, sie wurde mit Reichtum überschüttet, aber an diesem Reichtum hing der Fluch der Hölle. Sie wurde nicht glücklich in seinem Besitze, das Geld brachte Unfrieden, ja Mord und Totschlag in ihre Familie, ihr Vater starb als Hochverräter, Bruder und Bräutigam fielen im Kampf gegeneinander, und der Alraun spottete ihrer Tränen. Er brachte die Frau mit seinen Teufeleien bis zum Wahnsinn, bis sie endlich unter dem selben Galgen ächzend und stöhnend ihre Seele aushauchte, unter dem sie den Unhold einst der Erde abgerungen hatte.

Eine andere Überlieferung berichtet, daß die Alraune mit Hilfe eines schwarzen Hundes geerntet werden muß, der zu diesem Zwecke mit einem Seil an die Pflanze gebunden wird. Sodann entferne man sich. Der Hund, der sich losreißen möchte, zieht dann die begehrte Wurzel aus der Erde und stirbt auf der Stelle an dem Ächzen und Stöhnen der Pflanze. Nun kann die Alraune gefahrlos mitgenommen werden.

In Rumänien lebt noch heute der Kult der Alraune. Dort wird sie das »Kraut des Lebens und des Todes« genannt. Sie gilt als magische Pflanze, als Quelle der Liebe und des Wohlstands.

Mistel (Viscum album)

Von der Sage alter Kulturvölker ganz umsponnen ist die heilige Mistel. Sie bildet den magischen Zweig der Persephone, den Gabelzweig des Merkur, durch dessen Hilfe sich die Pforten zur Unterwelt öffnen. Bei den alten Kelten wurde sie von weiß gekleideten Druidenpriestern mit goldenen Sicheln von Eichen geschnitten und in weißen Tüchern aufgefangen, damit sie nicht mit der Erde in Berührung kam. In der Mythologie der Nordländer galt sie ebenfalls als besonders heilig. War sie doch nach deren Überlieferung vom Himmel selbst auf die Äste hoher Bäume herabgefallen.

In der nordischen Göttersage wird von Balder (dem reinsten der Götter, dem Gott des Lichts) erzählt, er wäre von einem gefahrdrohenden Traum geängstigt worden. Da nahm Freya alles in Eid, daß es Balder nicht schade; Feuer, Eisen, Wasser und Steine, Pflanzen und Tiere und alle Krankheiten. Nur den Mistelzweig, der im Westen von Walhall wuchs, befand sie als zu jung, um ihn unter Eid zu nehmen. Davon erfuhr der böse Loki. Als nun die Asen (Götter des germanischen Heidentums) mit Balder ein Spiel begannen, indem sie ihn mit Steinen bewarfen, nach ihm schossen und ihn schlugen, ohne daß ihm ein Schaden entstand, legte der hinterlistige Loki dem blinden Hödur einen Pfeil aus Mistelholz auf den Bogen. Dieser durchbohrte Balder, und er fiel tot um. Er stieg hinab in die Unterwelt zur Göttin Hel (Frau Holle), die ihn mit gebrautem Met (Honigwein) in ihren Sälen erwartete, in denen sich mit Ringen bedeckte Bänke und mit Gold belegte Dielen fanden. Alchimisten des Mittelalters behaupteten, ein Mistelzweig könne jedes Schloß (in die Unterwelt!) öffnen.

Eisenkraut (Verbena officinalis)

Nach Ansicht der Alten heilt der Saft des Eisenkrauts mit Honig vermischt Wunden, die durch Eisen verursacht wurden.

Eisenkraut ist das Sinnbild der Versöhnung und des Friedens, sozusagen des Wiedervereinens all dessen, was, wie bei Wunden, zerrissen ist.

Bei den Ägyptern galt Eisenkraut als die Träne der Isis. Die Magier der Perser hielten während ihres Gebetes zur Sonne einen Zweig dieses Krautes in der Hand. In Griechenland trugen Priester die Wurzel der Pflanze in ihrem Gewand. Die Römer verwendeten das Kraut zur spirituellen Reinigung ihrer Altäre, und die Chinesen nannten es wegen seiner geheimen Wirkkräfte Drachenzahngras. Auch die alten Druiden hielten das Kraut in Ehren und opferten der Erde, bevor sie es ihr entnahmen. Sie wuschen ihre Altäre mit einer Essenz aus verschiedenen Blüten, zu denen auch das Eisenkraut gehörte. Bei den Germanen verwendete man das Eisenkraut – das übrigens auch als Aphrodisiakum galt – bei Opferritualen, die zur Feier eines eingetretenen Friedens vorgenommen wurden.

XII.

KONTAKTAUFNAHME MIT DEM GEIST DER PFLANZEN UND BÄUME

Herstellung von Kraft- und Heilelixieren

Wenn Sie sich einen Spaziergang in der Natur vornehmen, dann bitten Sie doch einmal in Gedanken die geistige Welt, Ihnen die für Sie im Augenblick passende Pflanze zu zeigen. Wahrscheinlich wird Ihnen dann eine Blüte, ein Blatt oder gar ein bestimmter Baum ins Auge fallen. Öffnen Sie dieser Pflanze Ihr Herz. Dies ist ganz wichtig und darf nicht aus Unachtsamkeit übergangen werden. Richten Sie liebevolle Gedanken an dieses Wesen. Streichen Sie vorsichtig mit Ihren Händen die Aura der Pflanze. Dann bitten Sie den Geist der Pflanze um Erlaubnis, einen Teil von ihr entnehmen zu dürfen und erklären Ihre Heilabsicht. Haben Sie das innere Gefühl, daß dies in Ordnung ist, so nehmen Sie einen Teil (bitte nicht die ganze Pflanze herausreißen) und bedanken sich.

Legen Sie den Pflanzenteil oder die Blüte in ein Glas gutes Quellwasser und lassen Sie es von der Sonne einen Tag bescheinen. Dadurch lösen sich die geistigen Kräfte aus der Pflanze und werden im Wasser gespeichert. Nun können Sie Ihr ganz persönliches Heilmittel herstellen und magisch beleben. Um eine Giftigkeit auszuschließen und um die feinstofflichen Schwingungen zu erhöhen, wird ein Glasgefäß mit der Essenz halb gefüllt. Konzentrieren Sie nun Ihre Gedanken auf vollkommene Gesundheit oder seelisches Wachstum, je nach Ihren momentanen Bedürfnissen. Schütteln sie das Gefäß genau 21mal. Dann gießen Sie die Flüssigkeit bis auf ein paar Tröpfchen weg. Wiederholen Sie den Vorgang 30mal immer mit Ihren Gedanken zielgerichtet auf die Eigenschaft, mit der Sie Ihre persönliche Essenz magisch beleben wollen. Ihre Essenz entspricht nun in etwa einer homöopathischen D_{30}, sie enthält also keine chemischen Substanzen mehr, »nur« noch die feinstoffliche Schwingung, die auf die Seele wirkt. Um Ihre Essenz haltbar zu machen, mischen Sie sie mit Alkohol (z. B. Brandy, Grappa, Obstler) im Verhältnis 2 : 1. Wichtig ist, daß Sie so ein Mittel ausschließlich für sich selbst herstellen. Ihre ganz persönliche individuelle Schwingung ist nun darin enthalten.

Dosieren Sie nach Ihrem inneren Gefühl. Wenn Sie Bedenken vor einer Einnahme haben, können Sie ein Fläschchen der Essenz am Körper tragen, unters Kopfkissen legen oder ein paar Tropfen auf der Haut verteilen. Die benutzten Pflanzenteile geben Sie dankend der Mutter Erde zurück, damit der Kreislauf wieder geschlossen wird.

Ritual bei unerfülltem Kinderwunsch
(Unfruchtbarkeit bei Frauen)

✧ Stellen Sie einen Alkoholauszug aus Mistelblättern her. Dazu verwenden Sie 200 ml 95%igen reinen Alkohol (Apotheke).

✧ Entnehmen Sie die Mistelblätter mit der gleichen Achtung wie oben beschrieben. Legen Sie die Blätter in ein Glasgefäß zusammen mit dem Alkohol, und lassen Sie die angesetzte Tinktur eine Mondphase lang, also 28 Tage, von Sonne und Mond bescheinen, wobei Sie das Gefäß täglich 21mal liebevoll schütteln.

✧ Das eigentliche Ritual muß bei Vollmond stattfinden.

✧ Ziehen Sie weiße Kleidung an.

✧ Der Altartisch ist in Weiß und Silber gehalten. (Das Ritual kann im Haus, besser jedoch im Freien ausgeführt werden)

✧ Stellen Sie eine Silberschale (Kelch) oder eine große Muschelschale gefüllt mit Quellwasser (wichtig: Quellwasser hat rechtsdrehende Energien, Leitungswasser ist linksdrehend; rechtsdrehend = aufbauend – linksdrehend = abbauend) auf den Altar.

✧ Entzünden Sie eine gesegnete weiße Altarkerze (siehe »Rituale der weißen Magie«).

✧ Entzünden Sie eine silberne Kerze, in die Sie den Namen Selene geritzt haben, und weihen Sie die Kerze der gleichnamigen, fruchtbarkeitspendenden Mondgöttin.

✧ Stellen Sie Ihre Misteltinktur neben die Schale. Dann treten Sie mit nach oben geöffneten Handschalen vor den Altar.

- ✧ Bitten Sie nun in eigenen Worten die Mondgöttin Selene, ihre frucht-barkeitspendende Energie in Quellwasser und Misteltinktur einfließen zu lassen.
- ✧ Trinken Sie in stiller Andacht Schluck für Schluck das Quellwasser.
- ✧ Warten Sie ein paar Minuten, bedanken Sie sich dann bei Selene mit eigenen Worten, und beenden Sie das Ritual. (Kerzen nicht ausblasen, sondern Kerzenlöscher oder nasse Finger benutzen!)

Trinken Sie nun einen Monat (28 Tage!) lang jeden Tag mit der nötigen inneren Geisteshaltung ein Glas Quellwasser (oder Volvic) mit 15 Tropfen Misteltinktur vermischt.

Wenn Sie die Möglichkeit haben, mit Wünschelrute oder Pendel die Energien der Tinktur zu messen, werden Sie nach dem Ritual einen enormen Energiezuwachs feststellen.

Holundersekt – zu Ehren von Frau Holle

Besorgen Sie sich einen Gärballon mit 25 Liter Fassungsvermögen, ein Gärröhrchen sowie einen passenden Gummistopfen (erhältlich im Weinfachhandel oder in Zentren für Landwirtschaftsbedarf).

Für die Herstellung des Holundersekts benötigen Sie:

- ✧ 9 unbehandelte Zitronen (Bioladen)
- ✧ 120 g Weinsäure (Apotheke)
- ✧ 2500 g Zucker
- ✧ 25 Liter Wasser (am besten Quellwasser)
- ✧ Ca. 25–30 Holunderblütendolden, die nur bei sonnigem Wetter am frühen Nachmittag geerntet werden dürfen (zu dieser Zeit ist die meiste Hefe in den Blüten). Bitten Sie vor dem Ernten der Blüten Frau Holle um Erlaubnis.

◇ Die Holunderblüten werden zusammen mit der Weinsäure, den klein-geschnittenen Zitronen sowie dem Zucker, der zuvor in fünf Litern heißem Wasser aufgelöst und wieder abgekühlt wurde, in den Gärballon gefüllt. Dann wird dieser mit dem restlichen Wasser bis ca. zehn Zentimeter unter den Flaschenrand aufgefüllt und mit dem Gummipfropf, in dem das Gärröhrchen steckt, verschlossen.

◇ Dieses Gärröhrchen wird nun mit Wasser gefüllt, damit keine Luft in die Flasche eindringt, Gärgase jedoch entweichen können.

◇ Der Gärballon wird an einen warmen Ort, am besten in die Sonne, gestellt und einmal täglich sanft geschüttelt, wobei man Frau Holle in Gedanken darum bittet, ihre fruchtbaren weiblichen Kräfte in den Sekt einfließen zu lassen.

◇ Sobald die Gärung richtig im Gange ist, steigen Luftbläschen im Gärröhrchen auf. Zwei bis drei Tage sollte man noch abwarten, bevor die Flüssigkeit abgesiebt und in Mineralwasserflaschen abgefüllt wird.

◇ Die Flaschen werden nur bis ca. drei Zentimeter unter den Rand gefüllt (damit die Gärgase sie nicht sprengen), fest verschlossen und in den kühlen Keller gestellt, wo der Sekt noch etwa drei Wochen ausreifen muß.

Der fertige Holundersekt enthält kaum Alkohol und ist mindestens ein Jahr haltbar.

Trinken Sie diesen Sekt, um Ihre Medialität und innere weibliche Stärke zu entwickeln. Männer können ihre verborgenen weiblichen Anteile wiederfinden.

Elixier bei Depressionen, Minderwertigkeitsgefühlen, Angstzuständen

Stellen Sie zuerst Johanniskrautöl und Johanniskraut-Alkoholauszug her. Die Blüten des Johanniskrauts werden möglichst am 21. Juni nachmittags, bei sonnigem Wetter, gepflückt.

⬥ Füllen Sie einen Teil der Blüten in eine durchsichtige, verschließbare Glasflasche ein, so daß diese zur Hälfte locker gefüllt ist, und gießen Sie kaltgepreßtes Olivenöl darüber. Den anderen Teil der Blüten legen Sie in Grappa ein.

⬥ Beide Flaschen werden verschlossen genau 21 Tage der Sonne ausgesetzt und jeden Tag 21mal sanft geschüttelt. Stellen Sie sich dabei vor, daß sich die Planetenkräfte der Sonne darin manifestieren.

⬥ Danach werden die Essenzen beider Flaschen durch ein Tuch (Stoffwindel) gesiebt.

⬥ Die Flüssigkeiten werden nun vermischt (2/3 Öl auf 1/3 Alkoholauszug)

⬥ Pro 1/4 Liter gemischter Flüssigkeit fügen Sie einen Kaffeelöffel Honig, 3 Tropfen ätherisches Ysopöl und 10 Globuli (Kügelchen) oder 10 Tropfen homöopathisches Aurum metallicum C_{30} (= homöopathisch aufbereitetes Gold) hinzu.

Vor jedem Gebrauch schütteln Sie das Elixier kräftig. (Die Flüssigkeiten setzen sich voneinander ab.)

Nehmen Sie dreimal täglich 7 Tropfen innerlich ein, und reiben Sie sich zusätzlich Ihren Solarplexus im Uhrzeigersinn damit ein.

Auch bei Schmerzen im mittleren und unteren Rückenbereich leistet dieses Elixier gute Dienste.

Kontaktaufnahme mit dem Geist der Bäume

Lange bevor Menschen die Erde besiedelten, lebten schon die Bäume auf diesem blauen Planeten. Sie versorgten die Erde mit Sauerstoff, spendeten Schatten und boten Vögeln und anderen Tieren Schutz und Unterschlupf. Viele tausend Jahre lebten auch die Menschen in Wäldern, sie nutzten die Bäume als Nahrungsquelle und um Medizin zu gewinnen, sie fertigten aus dem Holz Werkzeuge und Gebrauchsgegenstände, bauten Häuser und Schiffe, benötigten das Feuer, um zu kochen und sich warm zu halten und um Metalle für Werkzeug und Waffen aus dem Gestein herauszu schmelzen und zu verarbeiten.

Die alten Germanen und Kelten ehrten ihre Bäume und kommunizierten mit den Baumgeistern, den Dryaden, die in den Bäumen leben und über sie wachen. Wichtige Versammlungen und Rituale fanden stets unter kraftvollen Bäumen statt, die auf Kraftlinien, den sogenannten »Drachenlinien« wuchsen. Die Druiden waren die Priester, Lehrer, Ärzte und Weissager. Durch das Christentum verloren sie ihr Ansehen, und da sie selbst in schlechten Ruf kamen, so wurden auch ihre heiligen Bäume, unter denen sie sich einst versammelten, zu Hexenbäumen erklärt.

Auch in späteren Zeiten gab es immer Menschen, die Kontakt zu den Bäumen, den älteren Bewohnern dieser Erde hatten. So sagte der Vater von Johanna, der Jungfrau von Orleans, über seine Tochter :

»Ich sehe sie zu ganzen Stunden sinnend
dort unter dem Druidenbaume sitzen,
den alle glücklichen Geschöpfe fliehen.«

Auch Bismarck ging nach langer ermüdender Tätigkeit im Arbeitszimmer seines Schlosses in Friedrichsruh regelmäßig hinaus in den Park und umarmte dort eine große alte Eiche, um neue Kräfte zu schöpfen.

So nehmen Sie Kontakt zu einem Baumgeist auf:

⋄ Suchen Sie sich einen möglichst gesunden, großen, alten Baum. Wenn Sie geübter werden, können Sie auch die Energien von ganz jungen, zarten oder aber sehr kranken Bäumen wahrnehmen. Für den Anfang empfehlen wir Ihnen jedoch, einen großen, kräftigen Baum zu wählen, da seine Energien leichter zu spüren sind.
⋄ Nähern Sie sich dem Baum ruhig und respektvoll.
⋄ Bleiben Sie etwa einen halben Meter vor ihm stehen, öffnen Sie Ihr Herz und versuchen Sie, seine Anwesenheit zu spüren.
⋄ Begrüßen Sie den Baum, und erklären Sie ihm, daß Sie gerne seine Freundschaft gewinnen würden.
⋄ Strecken Sie ihm Ihre Handflächen entgegen, und fühlen Sie die Energien, die der Baum ausstrahlt.
⋄ Kommen Sie nun näher, und berühren Sie nur ganz leicht den Stamm des Baumes.
⋄ Bitten Sie um einen Energieaustausch, und wenn der Baum dazu bereit ist, werden Sie durchflutet werden. Es ist ein wunderbares Gefühl, auf diese Weise beschenkt zu werden.
⋄ Setzen Sie sich nun bequem mit etwas Abstand vor den Baum, und bitten Sie den Baumgeist, sich zu zeigen.

Seien Sie jedoch nicht enttäuscht, wenn Sie keinen sichtbaren Kontakt bekommen. Der Baumgeist kann sich auch mental bemerkbar machen. Lassen Sie sich möglichst ohne zu große Erwartungshaltung auf die Baumenergien ein. Seien Sie dankbar, auch wenn Sie mehr erhofft hatten. Vielleicht wird der Kontakt bei Ihren nächsten Besuchen immer intensiver.

Bedanken Sie sich beim Geist des Baumes, überlassen Sie ihm ein Geschenk (z. B. eine Ihrer Haarsträhnen), und erzählen Sie ihm, daß Sie wiederkommen werden.

Wenn Sie sich gut fühlen und gesund sind, können Sie zu kranken Bäumen gehen, von denen es leider eine ganze Menge gibt, und ihnen Ihre Energie schenken.

◇ Legen Sie Ihre Hände an den Stamm des kranken Baumes, öffnen Sie Ihr Herz, und stellen Sie sich vor, wie grünes heilendes Licht durch Ihre Hände in den Stamm einfließt und sich von dort wohltuend im ganzen Baum verteilt.

◇ Wiederholen Sie diese Energiearbeit so oft Sie können, und bitten Sie Ihre gleichgesinnten Freundinnen und Freunde darum, es Ihnen gleich zu tun.

Die Bäume werden es Ihnen danken.

XIII.

KONTAKTAUFNAHME MIT DEM GEIST VON TIEREN

ei den Hopi-Indianern gibt es einen sogenannten Schlangenclan. Wird ein Mensch für würdig erklärt, als Mitglied aufgenommen zu werden, so bekommt er eine Vorbereitungszeit, um die »Aufnahmeprüfung« zu bestehen. Während dieser Zeit verbindet er sich meditativ mit einer giftigen Schlange. Dann wird er in einem Ritual von einer giftigen Schlange gebissen und danach zwei Wochen in einem Tipi alleine liegengelassen. Hat er sich gut vorbereitet, wird er sodann in den Schlangenclan aufgenommen, wenn nicht – ist er tot.

Nur für wenige von uns wird diese Prüfung erstrebenswert sein, aber sie zeigt uns, was möglich sein kann, wenn der Mensch wieder im Einklang mit der Natur, der Tierwelt, ja der ganzen Schöpfung schwingt. Die Menschen der alten Naturreligionen hatten noch das Verständnis und die Fähigkeit, mit der Natur zu kommunizieren. Heute können dies noch die Indianer und die Aborigines in Australien. Wir sollten uns bemühen, diese verlorengegangenen Fähigkeiten erneut zu lernen, um unsere Mutter Erde besser verstehen und ehren zu können.

Versuchen Sie nun, Kontakt zu einem Tier aufzunehmen, das Ihnen sehr am Herzen liegt. Dies kann Ihr eigener Hund, Ihre Katze, Ihr Vogel, oder ein Tier aus Ihrer Nachbarschaft sein. Dazu legen oder setzen Sie sich bequem und entspannt an einen Ort, an dem Sie nicht gestört werden.

✧ Schließen Sie Ihre Augen, und atmen Sie gleichmäßig ein und aus.

✧ Lassen Sie Ihren Alltag los.

✧ Mit jedem Atemzug werden Sie ruhiger und gelassener.

✧ Ihr Körper beginnt sich nun zu entspannen.

✧ Fühlen Sie, wo Ihre Muskulatur noch angespannt ist, und lenken Sie Ihren Atem dort hin.

✧ Streicheln Sie mit Ihrem Atem Ihre verspannten Körperstellen und spüren Sie, wie auch diese langsam den Alltag loslassen, locker werden.

✧ Eine wohlige Wärme breitet sich nun in Ihrem Körper aus.

✧ Bilder ziehen vor Ihrem inneren Auge vorbei, lassen Sie sie unbeachtet weiterziehen.

✧ Eine graue Fläche erscheint nun vor Ihrem inneren Auge.

✧ Langsam können Sie die Umrisse Ihres Tieres erkennen.

✧ Immer deutlicher wird das Tier.

✧ Sie sehen seinen Körper, seinen Kopf.

✧ Blicken Sie nun in die Augen des Tieres.

✧ Was empfinden Sie dabei?

✧ Versuchen Sie, den Geruch des Tieres wahrzunehmen.

✧ Was strahlt das Tier für Sie aus? Ist es Angst, Mut, Aggressivität, Freude oder eine ganz andere Eigenschaft?

✧ Versuchen Sie, dieses Gefühl ganz in sich aufzunehmen.

✧ Nun stellen Sie sich vor, wie sich Ihr Körper in einen Tierkörper der gleichen Art verwandelt.

✧ Zuerst verwandeln sich Ihre Hände, dann die Füße, der Körper und zuletzt der Kopf.

✧ Sie sehen jetzt genauso aus wie das Tier Ihnen gegenüber.

- ⬦ Ihr Geruch gleicht dem Geruch des anderen Tieres.
- ⬦ Ihre Wahrnehmung ist nun die Wahrnehmung eines Tieres.
- ⬦ Spüren Sie nun diesen Körper, versuchen Sie, ihn zu bewegen.
- ⬦ Wenn Sie sich im Körper eines Vierbeiners befinden, so beginnen Sie zu laufen, zuerst langsam, dann immer schneller und schneller.
- ⬦ Der Wind streicht an Ihnen vorbei, Sie spüren Ihre Kraft, die Sie vorwärts treibt.
- ⬦ Sind Sie ein Vogel, so breiten Sie Ihre Flügel aus, heben Sie ab, fliegen Sie mit dem Wind, und betrachten Sie die Landschaft unter sich, wie sie immer kleiner und kleiner wird.
- ⬦ Kommen Sie nun langsam zurück zu Ihrem Ausgangspunkt.
- ⬦ Ihr Körper wird nun wieder menschlich.
- ⬦ Verabschieden Sie sich von dem Tier, das die ganze Zeit neben Ihnen war.
- ⬦ Fühlen Sie nun wieder Ihren menschlichen Atem, Ihren menschlichen Körper, den Untergrund, auf dem Sie sitzen oder liegen.
- ⬦ Bewegen Sie Ihre Finger, Ihre Fußzehen, recken und strecken Sie sich.
- ⬦ Sie sind nun wieder im Hier und Jetzt.
- ⬦ Wenn Sie dazu bereit sind, öffnen Sie Ihre Augen.

Sprechen Sie sich diese Meditation langsam und mit genügend Pausen zwischen den Sätzen auf Band oder lassen Sie sie sich von einer guten Freundin oder einem guten Freund vorlesen.

Legen Sie vorher fest, mit welchem Tier Sie sich verbinden wollen. Es ist sinnvoll, diese Meditation oft mit dem gleichen Tier zu wiederholen.

Mit der Zeit werden Sie Übung darin bekommen, sich in ein Tier zu verwandeln, wie ein Tier zu empfinden und sich wie ein Tier zu bewegen. Wenn Sie an diesen Punkt angelangt sind, beginnen Sie damit, mit dem anderen Tier, das Sie in Ihrer Meditation begleitet, zu kommunizieren. Üben Sie immer wieder. Es wird von Mal zu Mal leichter. Nun können Sie auch versuchen, mit anderen Tieren Kontakt aufzunehmen.

Schwimmen Sie mit den Delphinen, ziehen Sie Kreise am Himmel mit dem Adler, besuchen Sie duftende, mit Nektar gefüllte Blumen mit den Bienen und Schmetterlingen, und wenn der Geist der Tiere, der über sie wacht, bereit dazu ist, wird er mit Ihnen Kontakt aufnehmen. Das kann er jedoch nur tun, wenn Sie sich seiner Schwingung und seinen Gegebenheiten anpassen, und dies ist das Geheimnis und die Kunst der Schamanen. Der Mensch muß seine Schwingung den jeweiligen Gegebenheiten anpassen, damit ein Kommunizieren möglich wird. So, wie er sich im Gebet auf einen Kontakt mit hohen Engelwesen vorbereitet und seine Schwingung verändert, muß er sich auch auf die Schwingung der Tiere einstellen, um einen Kontakt herstellen zu können. Dies ist es, was auch Franz von Assisi konnte.

The dragon is now born
his eyes are sparkling bright
his mother is the earth
his father is the light
he comes in every hue
his loving work to start
he is the rainbow rays
he is the peace in our heart

(gesehen in Glastonbury im Pendragon-Shop)

Der Drache ist nun geboren
seine Augen funkeln hell
seine Mutter ist die Erde
sein Vater ist das Licht
er nimmt jede Farbe an
um seine liebevolle Arbeit zu beginnen
er ist der Hoffnungsstrahl des Regenbogens
er ist der Friede in unserem Herzen

XIV.

DIE FRIEDENSBOTSCHAFT DER HOPI

ieser Anhang wurde von Craig Carpenter und Bruno Minder, der den Text von Craig ins Deutsche übersetzt hat, genehmigt. Die Botschaft darf nicht zu kommerziellen Zwecken verwendet werden. Das Kopieren und Verbreiten der Friedensbotschaft ist jedoch ausdrücklich erlaubt und erwünscht. Fragen zu den Hopi können gerichtet werden an:

Bruno Minder – Verein Urkultur
CH-3000 Bern

Die Hopi-Friedensbotschaft – übermittelt durch Craig Carpenter, Scout und Botschafter der Hopi:

Einführung

Hopi ist der Name des ältesten Ureinwohnerstammes auf der Schildkröteninsel. Schildkröteninsel ist der ursprüngliche Name des Kontinents, den wir heute Nord- und Südamerika nennen. Das Stammesland der Hopi befindet sich im heutigen Nordwesten Arizonas. Eine der wichtigsten Bedeutungen des Wortes Hopi ist: »friedfertig«.

Die Hopi haben als einer der wenigen Stämme auf diesem Planeten nie Kriege gegen andere Stämme geführt – ganz im Gegensatz zu dem, was uns von der europäischen Geschichtsschreibung her vertraut ist. Hopi leben nach uralten Überlieferungen und Voraussagen. Die ursprünglichen Hopi sind Maisbauern, und das in einem Gebiet, wo es nach modernen, wissenschaftlichen Untersuchungen wegen Wassermangel nicht möglich sein soll, Getreide und ähnliches zum Reifen zu bringen. Hopi haben weder Bewässerungsanlagen noch künstliche Düngemittel, dennoch lebt dieser Stamm seit Tausenden von Jahren in dieser kargen

Wüstenlandschaft – was nur dank ihrer tief verwurzelten Religion möglich ist.

Infolge der Bedrohung durch die moderne Lebensweise, welche sich ja gegen alles ursprüngliche Leben wendet, sei es nun in der Mineral-, Pflanzen-, Tier- oder Menschenwelt, steht Hopi als Stamm und Lebensform kurz vor dem Ende. Wer verstehen kann, was dies bedeutet, ist zum Handeln aufgefordert:

«Ich nahm als Außenseiter an den Zusammenkünften der verschiedenen Hopiführer teil. Jeder von ihnen besaß einen Teil des Wissens der vollständigen Hopibotschaft. Ihr Übersetzer war zumeist Thomas Banyacya. Aber seine Art des Übersetzens blieb hinsichtlich des chronologischen Ablaufs ungeordnet. Erst nachdem ich alles zu Papier gebracht hatte, um herauszufinden, welche Überlieferung wohin gehörte, gewann ich ein besseres und ganzheitlicheres Bild. Und so sage ich Dir, daß Du meine Rede so kaum von Hopi oder einer Gruppe von Hopi hören wirst. Vielleicht hörst Du es nicht einmal von Thomas Banyacya auf diese Art, weil er als Zugehöriger des Kojotenclan nur seinen Teil der Botschaft erzählt, es sei denn, er übersetzt für andere, dann muß er es so sagen, wie diese es wünschen. Und bevor Du es nicht von den drei Spitzenclanführern gehört hast, wirst Du nie alle diese Einzelheiten hören, die ich Dir sagen werde. Weil Thomas Banyacya nicht überall dabei war; und auch dann wäre es fraglich, ob er es so erzählen würde, wie ich es erzähle. Wenn Du aber diese gehörten Worte zu den Hopi zurückbringst und sie fragst, ob das, was Du von Hopi gehört hast, wahr ist oder nicht, werden sie Dir das Gesagte höchstwahrscheinlich bestätigen und Dir sogar noch genauere Einzelheiten erzählen, als ich sagen werde. Der Prophezeiungsteil ist eigentlich nur eine Seite der vollständigen Hopi-Friedensbotschaft.

Auf die Art und Weise, wie ich sie studiert habe und verstehe, ist sie in fünf Teile aufgeteilt wie die fünf Finger einer Hand. Sie erzählt, kurz gesagt:

1. woher wir kommen, wir als menschliche Wesen auf dieser Erde;
2. warum wir hierher kamen; die Schwierigkeiten, die in der vorherigen Welt stattgefunden haben (Not, Korruption, Gottlosigkeit, etc.) – die wenigen übriggebliebenen aufrichtigen Menschen, die leben oder überleben wollten, mußten auf diese Erde kommen, um Zuflucht zu finden;
3. was ihnen geschah, nachdem sie hierher kamen; z. B. das Zusammentreffen mit MASSAU, dem Großen Geist und der Spinnenfrau, dessen Helferin, und wie sie von ihm Erlaubnis bekamen, auf diesem Lande zu leben;
4. was den Hopi und all den Menschen und allem Leben auf der Erde jetzt geschieht;
5. was den Hopi und allen Menschen und allem Leben auf Erden geschehen wird, wenn wir als Sterbliche nicht unseren Pflichten und Verantwortungen nachkommen, wenn wir uns und unsere Führer nicht bessern und korrigieren, anhand unserer eigenen ursprünglichen Anweisungen. Das heißt, wenn wir nicht unsere täglichen Handlungen mit unseren ursprünglichen Anweisungen vergleichen und bereits begangene Fehler zu korrigieren versuchen bzw. uns zu bessern bemühen. Auch die Fehler unserer Führer sollten wiedergutgemacht werden, solange wir noch Zeit dazu haben, was soviel heißt wie: solange wir noch Zeit dazu haben, bevor wir uns selbst zerstören oder zerstört werden.

Die Hopibotschaft des Friedens, wie ich sie soeben in ihren fünf grundlegenden Teilen vorgetragen habe, wurde nicht verkündet, um jemanden zu ändern oder zu bekehren. Sie wurde geplant, die Menschen dabei zu ermutigen, ihre eigenen ursprünglichen Lebensanweisungen nachzuprüfen, da alle ursprünglichen Menschen, alle ursprünglichen Stämme das gleiche grundlegende Lebensmuster erhielten, das auch den Hopi zuteil wurde. Zwar besitzen die Hopi es in größerer Ausführung, aber aus gutem Grunde; denn sie wurden ja im Zentrum belassen, sie sind die Gruppe am Herzen (heart and core) dieses Landes und des Lebens auf ihm, soweit es menschliche Wesen betrifft. Sonst wären sie nicht dazu bestimmt, diese ursprünglichen Anweisungen zu haben und aufzubewahren, für den Fall, daß eine andere ursprüngliche Gruppe, ein anderer ursprünglicher Stamm seine eigenen ursprünglichen Lebensanweisungen vergessen haben sollte, vergessen im Sinne von »etwas davon verloren haben« oder »etwas daran geändert haben«, wodurch sie Fehler begehen müßten.

Wir wurden vom Großen Geist gewarnt, von diesem Lebensmuster weder etwas wegzunehmen, noch etwas dazuzutun. Falls wir das trotzdem tun würden, bestünde die Möglichkeit, Fehler zu machen, es könnte uns leid tun, es könnte uns dadurch Leid zustoßen, wir könnten dadurch sogar sterben. Er gab uns Anhaltspunkte, um herauszufinden, ob wir Fehler machten oder nicht. Wenn wir z. B. Menschen fänden, die hinterrücks übereinander sprächen, würde das ein Zeichen sein, daß etwas nicht stimmte, daß sie sich nicht mehr an die Anweisungen hielten.

Würde nun dieser Umstand durch eine Umkehr zu den ursprünglichen Anweisungen nicht verbessert, könnte die Sache schlimmer werden. (Die Anweisungen der einfachen, aufrichtigen, auf der Erde basierenden Lebensart, welche wir von ihr gelernt haben. Sie – die Spinnenfrau, Helferin von Massau – lehrte uns diese Lebensart, und wir schworen, sie aufrechtzuerhalten, damit wir in diesem Land weiterleben dürften und so eine Chance hätten, ein langes, glückliches Leben zu führen.)

Sollte dieser Zustand also nicht verbessert werden, würde die Lage noch schlimmer werden und dahin führen, daß wir gegenseitig Blut vergießen würden. Danach würde es sehr schwierig, ja sogar fraglich werden, ob wir den Weg zurück zu den ursprünglichen Anweisungen noch finden könnten. Die Menschen würden in diesem aufgewühlten Zustand gar nicht mehr auf die Aufforderungen hören können, zum ursprünglichen Lebensweg zurückzukehren. Sie würden diesen zerstörerischen Lebensweg weitergehen, oder sie würden sich durch Hexerei und Wohlfahrt selbst vernichten. Sie würden vielleicht durch die Naturkräfte zerstört werden, Naturkräfte wie Erde, Wasser, Feuer, Luft, wilde Tiere, Krankheiten, fremdartige Krankheiten und eine Menge anderer Kräfte, durch welche die Menschen umkommen würden und ja auch schon zerstört wurden.

Die Hopifriedensbotschaft ist also bestimmt, Menschen daran zu erinnern, zu ihren eigenen ursprünglichen Anweisungen zurückzukehren, also nicht den Hopilebensweg zu befolgen, sondern den eigenen ursprünglichen Weg, sich selbst und ihre Führer zu bessern, solange noch Zeit dazu vorhanden ist.

ॐ

Diese Botschaft enthält 17 meiner Meinung nach wichtige Überlieferungen, beginnend mit dem Kommen der Menschen aus dem Osten. [*Anmerkung:* Osten = Europa]. Es würden Menschen von Osten her auf dieses Land kommen. Sie würden die Zeit der Prüfungen und Versuchungen ankündigen. Drangsal und Widrigkeiten würden durch diese Menschen kommen. Alle Menschen und alle Arten und Formen von Leben müßten durch diese abschließende Prüfungszeit hindurch, ohne Rücksicht auf den Grad der Vollkommenheit ihres Heimatlandes. Diese Testzeit würde zeigen, ob die Menschen den Anweisungen des Großen Geistes treu geblieben sind und was mit ihnen zu geschehen hat. Diese Testzeit würde süße Worte, süße Reden, süße Verlockungen, Drohungen, Zwang und Gewaltanwendung beinhalten. Es würde sogar sehr gewalttätig zugehen, bevor sie vorüber wäre. Menschen würden zu einer ihnen fremden Religion gezwungen. All das würde auf die Menschen zukommen.

Natürlich könnte diese Testzeit so streng werden, daß fast alle aufgeben und von diesem geraden, wirklichen Weg abweichen würden. Blieben aber einer, zwei oder drei Menschen dem ursprünglichen Lebensplan gegenüber treu, so würde das genügen, um zu garantieren, daß die menschliche Lebenskette nach dem großen Reinigungstag weitergehen könnte. Echter Friede, Brüderlichkeit und glückliches Leben würde nach dieser Zeit einkehren. Es wäre schön, wenn es mehrere schaffen würden; einer, zwei oder drei aber würden genügen. Wie gesagt würde es beginnen, sobald diese fremden Menschen vom Osten her kommen würden. Wir würden sie an ihren Objekten erkennen, welche auf der Erde rollen, auf runden Dingen, ähnlich der Spindel, mit welcher man Wolle spinnt. Diese Objekte würden nicht genauso wie eine Spindel aussehen, aber wie etwas ähnliches. Diese Menschen würden sehr erfinderisch sein. Das würde für uns ein Signal sein, sozusagen wie: Haltet euch fest, der Sturm geht bald los, haltet euch bereit!

Falls sich diese erfinderischen Menschen ihrer ursprünglichen Lebensanweisungen erinnern könnten, würden sie dieses Talent, diese Begabung zum Wohle aller, nicht nur ihrer selbst, einsetzen. Jedem Stamm wurde ja ursprünglich ein ihm zugehöriges Talent (Begabung) gegeben, und wenn dieses Talent seiner ursprünglichen Bestimmung entsprechend angewendet würde, wäre das zum Nutzen aller und nicht nur für die mit dem jeweiligen Talent Ausgestatteten. Wenn nun diese Menschen ihre ursprünglichen Anweisungen vergessen hätten, wovon auch sie am Anfang unterrichtet worden waren, die friedfertige Lebensweise, die auch ihnen anvertraut worden war, würden sie ihre Begabung dazu benutzen, andere Menschen zu beherrschen. Ihre nächste sichtbare Erfindung würde zeigen, ob sie sich an ihre Anweisungen erinnerten: eine Maschine, die übers Land rollt, ohne gezogen zu werden. Sie würde sich von selbst vorwärts bewegen. Diese Maschine würde dann soweit verbessert werden, daß die Menschen eigens dafür bestimmte Wege bauen müßten, weil sie sich so schnell fortbewegen würde.

Es würde zwei verschiedene Arten dieser Wege geben. Einer davon glatt und wie ein Fluß aussehend, nur daß er auch hügelaufwärts ginge (der Fluß fließt ja nur hügelabwärts); diese Wege würden manchmal aussehen, wie wenn Wasser darauf wäre; aber es wäre nicht wirklich Wasser, es würde nur so aussehen. Diese Wege würden das ganze Land zerschneiden. Das würde das Zeichen sein, daß dieses Werk vom Zerstörer und nicht vom Schöpfer komme. Eine der ursprünglichen Anweisungen besagt, niemals das Land aufzuteilen, zu zerschneiden. Einige sagten, daß sie sogar die Berge zerschneiden würden.

Die andere Art dieser Wege würden zwei Metallstreifen sein, nebeneinander, und die Maschinen, die sich darauf fortbewegten, würden so entwickelt sein, daß eines dieser Objekte an das andere gehängt wäre, so daß sie wie eine Schlange aussähen und so, daß ganze Dörfer von Menschen darin Platz finden würden. Diese Wege, diese zwei parallel laufenden Metallstangen, würden aussehen, als kämen sie in der Ferne zusammen. Doch sie würden nicht wirklich zusammenkommen, es würde nur so aussehen. Dann würde es sogar soweit kommen, daß jemand einen Weg im Himmel erfinden würde.

Zu dieser Zeit würde das Erste Große Erdgerüttel stattfinden, dieses Ereignis, welches in dem in Stein gehauenen Lebensplan der Hopi in der Nähe von Oraibi als erster Kreis auf der geraden Linie eingehauen ist. Und dieses Gerüttel, oder was immer es sein möge, würde von allen Menschen wahrgenommen werden. Es würde eine Warnung für uns Menschen sein, daß etwas an unserer Lebensweise falsch sei, daß etwas nicht in Ordnung sei. Nachdem es sich beruhigt hätte, würden wir eine Zeitspanne zur Verfügung haben, um zu überdenken, was denn nun geschehen sei. Zu sehen, was wir getan haben, daß wir dieses Erdengerüttel geschaffen hätten, diese große Störung [Erster Weltkrieg]. Und um umzukehren, wenn wir das wollten und solange wir noch Zeit dazu hätten.

Aber wenn wir es verpassen würden, uns in einer aufbauenden Weise zu bessern und zu den ursprünglichen Anweisungen (den Anweisungen, die den einfachen, aufrichtigen Lebensweg betreffen und uns die Möglichkeit geben, ein langes, glückliches und fruchtbares Leben zu leben und uns daran zu erfreuen) des Schöpfers (Großer Geist) zurückzukehren, dann würde ein anderes großes, für alle spürbares Ereignis stattfinden.

Das zweite würde ernsthafter, heftiger sein als das erste, das wäre dann, wenn das Swastikasymbol (Hakenkreuz) mit dem Sonnensymbol zusammen auftreten würde, nachdem das Malteserkreuzsymbol die erste große Bewegung geleitet haben würde. In der Zwischenzeit würden auch die Maschinen und die Wege im Himmel entwickelter sein, bis zu dem Punkt, daß die Hopis ganze Dörfer von Menschen in diesen Objekten über ihre Köpfe fliegen sehen würden.

Ich (Craig) schweife hier ein wenig ab und gebe ein paar persönliche Bemerkungen. Denn es ist für mich ein Wunder, daß der Große Geist schon in den frühen Tagen, vor langer Zeit, den ersten aufrichtigen Menschen diese heiligen Anweisungen gab. Wie konnte Er damals schon wissen, daß eines Tages eine der größten transamerikanischen Fluglinien über die Hopidörfer führen würde? Die Route Los Angeles – Chicago führt nämlich fast genau über diese Hopidörfer hinweg, so daß die Hopi diese »Dörfer von Leuten« über ihre Köpfe hinweg fliegen sehen. Ich selbst war in diesen Hopidörfern und konnte sehen, wie die Flugzeuge darüberfliegen. Tatsache ist, daß ich bei einer bestimmten Gelegenheit Mitglied eines dieser »fliegenden Dörfer« war. Damals flog ich von Los Angeles nach Chicago und konnte die Hopidörfer unter uns sehen. So kann ich diese Prophezeiung in Erfüllung bezeugen, und zwar von oben wie von unten. Wenn jetzt aber diese Fluglinie nur einige Kilometer nördlicher oder südlicher vorbeiziehen würde, könnten diese »fliegenden Dörfer« von den Hopi gar nicht wahrgenommen werden. Deshalb ist dieses Detail der Botschaft sehr eindrücklich für mich.

Wie gesagt, wir würden dieses zweite Erdgerüttel haben. Wenn sich nun die Menschen nicht verbessern würden, dann könnte jemand eine Erfindung machen, die beschrieben wurde als »Kürbis voller Asche«. Beim Erzählen dieser Begebenheit machten sie jeweils eine Handbewegung und beschrieben einen Behälter in der Größe eines Basketballes. Dieser »Kürbis voller Asche« würde, falls er von jenem Weg im Himmel fiele, dort die

Erde verbrennen, das Wasser zum Kochen bringen und Asche machen aus der Gegend, wo er niederfällt. Dort würde für lange Zeit nichts mehr wachsen können.

Falls die Menschen es so weit treiben würden, falls dies Wirklichkeit würde, wäre das ein Zeichen für die Hopi, sich zu erheben, um die Hopibotschaft des Friedens zu verbreiten. Damit würden sie auch aufzeigen, daß es einen besseren Lebensweg gibt als diesen zerstörerischen, daß es einen Lebensweg des Großen Geistes gibt, welcher allen ursprünglichen Menschen anvertraut wurde. In wie vielen tausend verschiedenen Sprachen, weiß ich nicht. Auf jeden Fall ist die Sprache eines der Erkennungszeichen eines Stammes. Die anderen sind: das eigene, unabhängige Heimatlandgebiet, die eigene, unabhängige Religion, die Regierungsform und die eigene, ursprüngliche Nahrung. Diese Dinge hat jeder ursprüngliche Stamm erhalten und die jeweiligen Stammeseigenheiten werden am Ende dieser Epoche maßgebend sein, um herauszufinden, wie treu wir als Stamm unseren eigenen ursprünglichen Anweisungen gegenüber geblieben sind. Natürlich wird auch maßgebend sein, ob wir uns noch an sie erinnern, sie ausüben und in unserem eigenen Heimatland weiterlehren. Die modernen Nationen erkennen diese vier Stammeseigenheiten als Ganzes nicht mehr an. Auch werden diese vier Stammeseigenheiten bei modernen Nationen nicht mehr von der Religion bestimmt.

Diese Verbreitung der Hopi-Friedensbotschaft an die Welt würde folgendes beabsichtigen:

1. Die anderen Treuen, Gläubigen zu finden und anzuziehen, welche bis zu diesem Zeitpunkt noch standhaft geblieben sind in dieser ausgeprägten Zeit der Prüfungen, Versuchungen und Widrigkeiten, bevor sie ganz vom Weg abkommen.
2. Die anderen gutherzigen Menschen, welche zu dieser Zeit mit uns leben würden, zu finden und aufmerksam zu machen und ihnen eine

Chance zu geben, etwas zu tun anhand ihrer religiösen Anweisungen, ihrem religiösen Lebensweg.

3. Die Übeltäter auf diesem Kontinent zu finden und anzuziehen und ihnen damit eine Chance zu geben, ihre Fehler einzusehen und anhand ihrer Lehren, ihrer eigenen Art, umzukehren.

4. Wenn dies bei den Übeltätern nichts bewirken würde, war als Viertes bestimmt: das »einfache« Volk zu erreichen und anzuziehen. Damit es, nach seinen Methoden, eine Chance zu handeln habe, um diese Übeltäter, diese Führer, zu verbessern, solange Zeit dazu ist.

Wenn nun aber diese vier Menschengruppen verfehlen würden, die zerstörerischen Lebensbedingungen zu verbessern, die sich ereignet haben, würde es als Zeichen dieser groben Fehler viele Erscheinungen geben: Das Wetter würde sich schlagartig verändern, die Jahreszeiten würden sich verschieben, so daß das Wetter so stark aus dem Gleichgewicht geraten würde, daß es Schnee im Sommer und Warmwetter mit blühenden Blumen im Winter geben würde. Bäume und Pflanzen würden sich anders als üblich verhalten. Bei meinem Stamm erzählten sie von Bäumen, die an ihrer Spitze, also von oben nach unten sterben. (Er erzählte noch andere Beispiele aus seinem Stamm im Osten der Schildkröteninsel, heutzutage Amerika genannt.)

Das alles würden solche Zeichen sein. Wie ich sagte, würde sich das Wetter verändern: es würde zuviel Regen oder zuwenig Regen geben, zuviel Wind oder nicht genügend Wind, Erdbeben und unerklärliche Feuersbrünste, rätselhafte, schreckliche Krankheiten, von denen wir noch nie zuvor gehört haben. Und wenn bei den Hopi die Zeit des Maispflanzens da wäre, würde nicht Frühlingswetter herrschen, sondern es könnte sehr kalt sein, so daß die Leute ihren Mais mit Handschuhen pflanzen müßten. Einige redeten von »Säcken an ihren Händen«, um den Schnee wegzumachen und dann das Pflanzenloch in die Erde zu graben, um so den Mais zu pflanzen. Gleichgewichtsstörungen würden zunehmen, Geisteskrankheiten sich vermehrt zeigen, die Scheidungsrate würde höher und höher, die unheilbaren Krankheiten und die Kriege würden sich vermehren, wenn die Menschen nach dem Hören der Hopibotschaft es unterlassen würden, sich zu bessern.

Vier verschiedene Methoden würden den Hopi zur Verfügung stehen, um die vier verschiedenen Menschengruppen zu erreichen:

1. Das gesprochene Wort, also die »Gesicht zu Gesicht«-Verständigung.
2. Das Sprechen über »Spinnennetze«. Es würde wie ein Spinnennetz sein, welches an beiden Enden mit einem Instrument verbunden wäre. Dieses Instrument würde man in der Hand halten, und am anderen Ende des Spinnennetzes wäre auch ein Mensch, der so ein Instrument in der Hand hielte. So könnten sie gegenseitig ihre Stimmen hören. Diese Spinnennetze würden das Land überspannen, so wie das Spinnennetze eben tun.
3. Die Art der Zeichen auf Maishüllen. Wenn eine Person etwas sagen möchte, würde sie diese Gedanken auf Maishüllen schreiben, die andere Person würde dann diese Zeichen sehen und lesen und verstehen, was diese Person sagen will, und sie könnte ihre Gedanken auch mit Zeichen auf eine Maishülle schreiben und diese zurückschicken. Und so würde das hin und her gehen. – Wir nehmen jetzt an, daß damit der Briefverkehr vorausgesehen wurde.
4. Die Art oder Methode, bei welcher man in einem fensterlosen Raum sitzt und spricht, und die Stimme würde klar und deutlich auf der anderen Seite der Berge gehört werden. Ich war damals dabei, als sie ihre Botschaft das erste Mal übers Radio verbreiteten. (Er macht genaue Angaben, wo in Los Angeles dieses Studio war und wer die Sendung leitete usw.: Anfänglich standen den Hopi 15 Sprechminuten zur Verfügung, um wichtige Informationen durchzugeben. Schlußendlich sprachen sie volle zwei Stunden.) Die Hopi nickten dann im Studio ein, da sie von der langen Reise sehr müde waren.

Bald nach der Sendung erhielten wir Telefonanrufe im Studio. Einige waren von der anderen Seite der Sierra Mountains.

So waren die Hopi befriedigt, ihre Botschaft hatte »die andere Seite der Berge« erreicht und dieser Prophezeiungsteil sich somit erfüllt.

Im Haus unserer Gastgeberin, wo sich die Hopi schlafen legten, hörte ich die ganze Nacht über Radio, und es gingen unzählige von Anrufen ein, die sich auf das bezogen, was die Hopi sagten. Die Anrufe kamen aus Gebieten vom südlichen Texas bis zum nördlichen Montana, hinter den Rocky Mountains und aus den weiten Prärien. Später erzählte mir der Programmleiter, daß die Reaktionen auf diese Sendung so groß waren, wie noch nie bei einer seiner Nachtsendungen. Auch bekam er eine große Anzahl von Briefen. Seit dieser ersten Erfahrung mit dem Radio waren sie mehrere Male zu hören gewesen, dann sogar beim Fernsehen, wo ich fünfmal dabei war. Nach diesen fünf Malen ging ich nicht mehr mit, denn es hieß ja, den Leuten drei, vier oder mehr Chancen zu geben.

Das waren also die vier Methoden, die angewandt wurden, um die vier Menschengruppen zu erreichen, und, wie ich bereits gesagt habe, lautete ja die Anweisung, nicht über diese vier Methoden hinauszugehen. Es sollte vom Schöpferplan nichts dazu noch etwas davon weggenommen werden, sondern die Anweisungen sollten in ihrer ursprünglichen Form erfüllt werden.

Würden nun diese vier Kommunikationsmethoden ihr Ziel verfehlen, die vier Menschengruppen zu einer aufbauenden Handlungsweise zu bringen stünde in dieser Zeit, an der östlichen Seite des Landes, ein großes Haus mit durchsichtigen Wänden. In diesem Haus würden sich die Führer von Weltnationen treffen. Die Hopi würden dann drei- oder viermal zu diesen gehen. Und so würden auch den Führern der Weltnationen noch mehrere Chancen gegeben, sich untereinander und gegenseitig zu berichtigen. Auch würden die Hopi erzählen, was diese Nation hier für Unheil anrichtet.

Wenn sie das erfüllt haben werden und immer noch nicht bewirkt hätten, daß die Übeltäter mit ihrem Zerstörungswerk* aufhörten, würden die Hopi vier Handlungen vornehmen, zeremonielle Handlungen, spirituelle Handlungen, um ihre Stimme in Richtung aufgehende Sonne zu schicken und von dort Hilfe anzufordern.

Falls jemand auf der anderen Seite des Großen Wassers diesen Hilferuf hören würde, jemand in Richtung der aufgehenden Sonne, und die Hopis es bis zum östlichen Rande dieses Kontinents hier schaffen würden, dann würden Leute auf der anderen Seite des großen Wassers helfen, daß die Hopis übers Wasser könnten, um durch die Heimatländer dieser Leute und wieder zurück ins Hopiland zu reisen.

Die Hopi sind sehr arme Leute und verhältnismäßig ungeschult, jedenfalls was die moderne Ansicht von Schulung betrifft. Gleichwohl wird jemand auf der anderen Seite des Großen Wassers ausgerüstet sein, um ihnen zu helfen, ihre Botschaft dort drüben zu verbreiten.

Somit wird auch den Leuten dort eine Chance gegeben, etwas zu tun, auf ihre eigene Art und Weise, um diese schreckliche Situation zu verbessern, welche sich zu diesem Zeitpunkt schon weltweit ausgebreitet haben würde.

Es wurde gesagt, daß die Botschaft bis zum Ostrande dieses Ost-Westlandes gebracht würde, dieses Landes, wo die wichtigsten Bergzüge in Ost-West-Richtung verlaufen. (Hier laufen ja die wichtigen Bergzüge von Norden nach Süden, eben das Nord-Südland.)

---

* Handlungen gegen die Anweisungen des großen Geistes, also zerstörerische Aktivitäten, Zerstörung des Landes, Wasserverschmutzung, Luftverschmutzung, alles, was die Naturkräfte herausfordern würde, so daß die merkwürdigen, fremdartigen Krankheiten auftreten würden, die Geisteskrankheitswelle ansteigen würde, die Scheidungsrate hochschnellen würde, die Kriege sich weiterhin vermehren würden, die Weltprobleme immer größer würden, statt daß sie verschwinden würden; was ja geschehen würde bei Einsicht und Berichtigung der begangenen Fehler. Nur die treuen, aufrichtigen Menschen können bewirken, daß diese Sachen verschwinden.

So sollte es geschehen. Irgendwann, noch während diese Ereignisse stattfinden würden, würde es immer schlimmer und schlimmer werden. Mehr und mehr Zerstörerisches würde in Erscheinung treten. Es gibt sogar Prophezeiungen, daß Zivilrechtsbewegungen im Süden stattfinden würden. Sobald Menschenblut vergossen würde beim Versuch, die schrecklichen Bedingungen in diesem Land zu verbessern, und wenn diese nicht verbessert würden, würde immer mehr Blut fließen.

Nachdem die Stimme der Hopi auf der anderen Seite des Großen Wassers verbreitet sein würde, sollte auch der Bahana davon gehört haben. Und es wird angenommen, daß er sofort zu den Hopi zurückkäme. (Zum jüngeren Bruder zurück, Bahana wird oft mit »Großer Weißer Bruder« übersetzt.) Hier würde er sofort anfangen, seinem jüngeren Bruder (Hopi) zu helfen. Da gibt es ja eine längere Geschichte, wie der Bahana vor sehr langer Zeit loszog, um seine Mission, seinen Auftrag zu erfüllen, in Richtung aufgehender Sonne zu gehen, um dort seinen Bestimmungsort zu erreichen zu der Zeit, wo der große Stern am Himmel erscheinen würde, was den Leuten hier das Zeichen wäre, daß er seinen Bestimmungsort erreicht haben würde. [*Anmerkung der Verfasser*: Das Erscheinen des großen Sterns wurde von Craig für das Jahr 1054 nach Christus angekündigt. – Wurde der Bahana jetzt mit Hale Bobb angekündigt?] Die Möglichkeit hätte bestanden, daß er direkt zurückgekommen wäre, um mit der Gottlosigkeit aufzuräumen, die schon zu dieser Zeit aufgekommen war. Gottlosigkeit in dem Sinne, daß Menschen versuchen, gegen andere Gewalt anzuwenden. Seine Aufgabe war also, auf dem schnellsten Wege zurückzukehren.

Würde sich aber seine Rückkehr aus dem Land in Richtung aufgehender Sonne auch nur um einen Tag verschieben, könnte das zur Folge haben, daß es eine sehr lange Zeit dauern würde, bis er zurückkäme. Hopi wartet immer noch auf seine Rückkehr. Der große Stern ist erschienen, was damals unter anderem ein Zeichen für sie war, sich in diesen Dörfern, wo sie jetzt noch leben, niederzulassen, in all diesen Klippenwohnstätten, die sich durch den ganzen Südwesten ziehen.

Sie hatten die Aufgabe, an diesen Stellen, oder in ihrer Nähe, Felszeichnungen, Felsinschriften, Maiskolben und pulverisierten Mais zu hinterlassen – was sie auch taten. Diese Handlungen verstärkten und unterstützten den Landanspruch des Großen Geistes auf diesem Kontinent. Die Rückkehr des Bahana sollte dazu bestimmt sein, die Rechtschaffenheit in diesem Land zu schützen, Schluß zu machen mit der Gottlosigkeit und auch mit den gottlosen Menschen, welche ja die Quelle aller Gottlosigkeit sind, hier und überall auf Erden. Es sind nicht die Vögel und die Tiere, die diese Zerstörung verursachen, es sind die schlimmen, boshaften, gottlosen Menschen. Gottlos bedeutet hier: nicht mehr nach den ursprünglichen Anweisungen leben, sondern davon etwas weggenommen oder etwas hinzugefügt haben. Dadurch bringen die Früchte ihrer Gedanken und Handlungen Zerstörung von Leben. Also sehr zerstörerische Menschen. Deshalb müßte er ja kommen, um dieses Land zu reinigen.

Nun, wenn er kommen würde, würde er sehr schnell kommen, tatsächlich würde er in einem Tag Kontrolle über das ganze Land haben, vielleicht in einem halben Tag. Er könnte sogar vor dem Frühstück kommen, so schnell würde er kommen. Bei seiner Ankunft in diesem Land würden alle Maschinen still stehen. Er würde geradewegs zum Dorf Oraibi kommen. Hier würde er sich zu erkennen geben, sich selbst vorstellen. Die wirklichen Hopi würden sich ihm gegenüber zu erkennen geben, auf eine Weise, die ihn befriedigt. Dann würde er die Hopi fragen, was ihnen die anderen Menschen angetan hatten, die gottlosen Menschen. Die Hopi würden ihm antworten müssen, da er der Einzige der ursprünglichen Stämme ist, dem vom Großen Geist die Macht oder das Recht gegeben wurde, über andere Menschen zu urteilen und dann das Urteil auch zu vollstrecken. Hopi sagt, daß es einen Stamm und davon einen Menschen gibt, der mit dieser Aufgabe vertraut wurde, dem diese Pflicht auferlegt wurde, der die Verantwortung, die Macht und die Autorität dazu hat – diese Verantwortung, ich sage dieses Wort nochmals. Und das würde derjenige sein. Die Hopi würden ihm sagen, was ihnen angetan wurde.

Die Vergehen gegen die grundlegenden Anweisungen des Großen Geistes. Nachdem die Anklagen gemacht sein würden, würden die Hopi mit ihren Fingern auf bestimmte Menschen zeigen.

Danach würde sich der Bahana dem Oberhaupt der Menschenschinder und Völkerausplünderer zuwenden und ihn fragen, was er zu diesen Anschuldigungen zu sagen habe. Ich nehme an, daß er einige Worte sagen würde, so wie das Verbrecher zu tun pflegen. Kurz darauf würde ihm der Bahana den Kopf abschlagen.

Dann würde sein Helfer sich an den zweithöchsten politischen Verbrecher wenden, nachdem dieser von den Hopi oder anderen Betroffenen angeklagt wurde, wer immer das auch sein wird. – Hopi bedeutet ja FRIEDFERTIGE Menschen. So wurden sie vom Großen Geist benannt. Und das sind sie auch. Ich kenne keinen Stamm, der so wie sie nie einen Krieg geführt hat, und das während ihrer ganzen Geschichte, welche ja bis weit vor die letzte große Überschwemmung zurückgeht. Und so lange sie friedvolle Menschen bleiben, haben sie das Recht, diesen Namen zu tragen. Wenn sie aber diese Vertrauensstellung und Verantwortung verletzen, werden sie diesen Namen verlieren. – So würde es ein Hopi sein, es muß nicht ein Hopiindianer sein, es kann ganz einfach ein friedfertiger, aufrichtiger Mensch sein, wie ich es verstehe, der seine Anklage machen würde. Auch der zweite politische Verbrecher würde auf der Stelle hingerichtet werden.

Die anderen Helfer des Bahana würden vom Himmel fallen wie Regen und die Sonne verdunkeln, so viele würden es sein, und sie würden das Hinrichten der überführten Hauptverbrecher weiterführen. Sie würden die anderen Menschen fragen, was sie gegen die Anschuldigungen, die gegen sie gemacht würden, zu sagen hätten. Das würde in einer spiralförmigen Ausbreitung vor sich gehen, in Oraibi beginnend. Je größer die Spirale würde, um so mehr Land würde sie einbeziehen, und dementsprechend mehr Menschen würden enthauptet werden. So würden bald die Stadtränder erreicht sein.

Die Helfer oder die Gefolgschaft des Bahana würden zu diesem Zeitpunkt die Menschen gar nicht mehr fragen müssen, da sie die Fähigkeit haben würden, beim bloßen Anblick [*Anmerkung der Verfasser*: Aurasichtigkeit] zu erkennen, ob vor ihnen ein todwürdiger Verbrecher stehen würde, und dann würden sie sofort das Urteil vollstrecken.

So wie ich das verstehe, würde nach der Reinigung dieses Landes die ganze Erde gereinigt werden. Aber es würde hier in Oraibi beginnen, weil das der Ort ist, wo alle die ursprünglichen Stämme durch den Großen Geist erschaffen wurden.

Von Oraibi aus wurden sie damals zu den verschiedenen Landgebieten der Erde gesandt, um ihnen zu helfen, nicht etwa um sie auszubeuten, sondern um jeder Gegend zu helfen, diejenige Bestimmung zu erfüllen, für die sie erschaffen wurde. Diese Bestimmung ist, eine Lebensordnung zu schaffen, welche soviel gutes Leben als möglich erzeugen würde, nicht nur Menschenleben, sondern alle Formen von Leben. Jeder ursprüngliche Stamm erhielt diese Verantwortung, dieses Sonderrecht, das zu tun; zusammen mit den unsichtbaren Hütern und mit vollständigem Bewußtsein und Zusammenarbeit, um so dem Erdenleben zu helfen, soviel Lebensordnung als möglich zu verwirklichen, die ganze Erde einem Garten Eden gleichzumachen. Ähnlich dem Garten Eden, der in der Bibel beschrieben wurde. Die Hopi wurden gewarnt, nicht weit weg von ihren Dörfern zu gehen, denn wären sie weit von zu Hause weg und der echte »Weiße Bruder« würde kommen, hätten sie eine schwierige Zeit, nach Hause zu gehen, denn alle Maschinen würden ja stillstehen. Die Hopi wurden aufgemuntert, frühmorgens zu rennen, und kalte Bäder zu nehmen, damit sie starke Beine haben würden, für den Fall, daß sie von sehr weit weg heimkommen müßten, daß ihre Herzen stark sein würden, für das Kommen des Reinigungstages. Der Schock durch all diese Enthauptungen und Schreie könnte so stark sein, daß dabei sogar ein aufrichtiger Mensch an Herzschlag sterbe könnte. So sollten diese kalten, abhärtenden Bäder und viel Rennen eine Vorbereitung sein.

Sie wurden gewarnt, daß sie, falls sie bei den Urteilsvollstreckungen durch die Helfer von Bahana in der Nähe von Städten wohnen würden, nicht zuschauen sollten, damit nicht auch sie von diesem Schwert oder was es sein würde, getroffen würden.

Diejenigen, welche versuchen würden nach Oraibi zurückzukehren, würden eine sehr schwierige Zeit haben, und nur ganz wenige würden es schaffen, und diese würden auf ihren Händen und Knien ankommen. Ich weiß nicht, ob das bedeutet, daß sie so schwach sein werden, oder ob es ein Zeichen der Heimatliebe ist.

Nachdem der Bahana das ganze Land und die Menschen auf ihm geläutert haben würde, würde er selbst mit Hopi als Sprecher der aufrichtigen Menschen dieses Landes, in Anwesenheit des Großen Geistes MASSAU, zusammensitzen und entscheiden, welches der Lebensweg der Zukunft sein würde. Denn nach dem Reinigungstag würden die überlebenden aufrichtigen Menschen echten Frieden, echte Bruder/Schwesternschaft und ein langes Leben genießen. Vielleicht würden sie auch wieder ein Volk werden, eine Einheit, wie am Anfang dieses Zeitalters. Sie würden sich alle untereinander verstehen können. Diese Drei würden auch entscheiden, welches die wahre Religion wäre, auch würden sie die gleiche grundlegende Nahrung haben.

Bis dahin waren den Hopi und anderen sehr enge Regeln gegeben worden, die das Heiraten betrafen. In der neuen Zeit würden sie davon frei untereinander heiraten können, da sie alle aufrichtige Menschen, unter der Führung des Großen Geistes, sein würden.

Ein großer Tag, dem wir entgegensehen. Wir hoffen, daß er bald kommen wird. Andere Menschen wollen ihn hinauszögern. Wir aber wissen, daß, je schneller er kommt, um so weniger Blut vergossen werden wird.

Falls der Bahana, der echte »Weiße Bruder«, durch irgendwelche Gründe seine Aufgabe nicht erfüllen würde, seine Verantwortung nicht tragen würde, so wie wir das verstehen, würde der Rote kommen.

Er würde vom Westen kommen. Er würde ein rotes Symbol haben. Er würde eine rote Kappe oder einen roten Mantel tragen; mit ihm würden sehr viele Leute kommen, zahlreich und langsam wie Ameisen, und sie würden zerstören oder verändern wen oder was immer sie antreffen. Sie würden nicht in Oraibi beginnen, sondern von außen her. Sie würden erst am Schluß nach Oraibi kommen.

Den Hopi wurde gesagt, daß zur Zeit ihres Kommens ein großes Dorf am Fuße der Mesa stehen würde, und daß die Leute in diesem Dorf die wirklichen Hopi sehr stören würden, daß sie kaum mehr oder gar kein Pflanzland mehr hätten, so daß sie mit angezogenen Beinen am Rande der Mesas sitzen müßten. Das zeigt, wie wenig Lebensraum sie zu dieser Zeit zur Verfügung hätten.

Den Leuten im ursprünglichen Dorf Oraibi wurde gesagt, daß sie bei seinem Kommen in den Hinterraum ihrer Häuser gehen sollten, dort, wo sie den Mais mahlen, sich dort verstecken und die Hände auf die Ohren pressen. Denn die Zerstörung der Menschen und des Dorfes am Fuße der Mesa würde so schlimm sein, daß schon der Ton, das Geräusch davon sie zu Tode schockieren könnte. Auch sollte niemand von ihnen auf dem Hausdach stehen und schauen, was dort unten vor sich geht, sonst würde der Rote geradewegs die Mesas heraufkommen und sie vom Hausdach hinunterschmeißen, wobei sie sterben könnten; das um zu zeigen, wie bösartig und stark es sein würde. Nachdem nun diese Person mit dem roten Symbol dieses Land und Leben darauf in seinem Sinne »gereinigt« haben würde, wissen wir noch nicht, welche Sprache wir dann sprechen würden, wir wissen nichts davon.

Er würde dann die höchste Autorität sein, und alles würde sich nach ihm richten müssen. Falls er durch irgendwelche Gründe seine Aufgabe nicht erfüllen, seine Verantwortung nicht tragen würde, so wie wir das verstehen, würden die Naturkräfte immer mehr und mehr aus dem Gleichgewicht geraten. Es würde immer härter werden. Unerklärliche Feuersbrünste, Vulkanausbrüche, Erdbeben, Erdrutsche würden die Bevölkerung zerstören, sogar die Steine würden schreiend und weinend über die Erde rollen, weil die Menschen nicht aufhören würden, Fehler zu machen. Die Überschwemmungen würden immer zerstörerischer, starke Stürme, zerstörerische Trockenperioden, mehr und mehr Geisteskrankheiten, Familienzerrüttungen, steigende Kriminalität, immer mehr Kriege, es würde schlimmer und schlimmer werden, bis zu dem Punkt, an dem sich die Menschen selbst zerstören würden.

Das alles würde soweit führen, daß auf diesem Land nur noch vier aufrichtige Menschen übrig sein würden. *Ein* aufrichtiger Mensch würde ja genügen, drei oder vier würden schon viele sein ... Diese vier müßten zusammenkommen, Tabak in Gebetsform verbrennen und sich sodann beim Großen Schöpfer entschuldigen, daß es ihnen nicht möglich war, die Bedingungen auf diesem Land zu ordnen.

Das würde der Moment sein, in dem die Naturkräfte im Auftrage der vier die Reinigung übernehmen würden. Vielleicht würden sich die Weltmeere wieder die Hände reichen, um das Land sauberzuwaschen, wie damals bei der Großen Flut. Auch bestünde die Möglichkeit, daß sich die Erde überschlagen würde, und zwar nicht nur einmal, sondern gleich drei- oder viermal. So würde das Wasser über das Land steigen und es sauberwaschen, reinigen.

Würde dieser Punkt der Zerstörung erreicht sein, würde wohl kein Mensch mehr das Recht haben, weiterhin auf der Erde zu leben. Wahrscheinlich würden nur die Ameisen wieder auf der Erde leben, eine sehr gut organisierte Lebensform. Jemand hat auch gesagt, daß vielleicht ein Bruder und eine Schwester überleben würden und neu beginnen dürften. Doch das ist sehr fraglich.

Würden es diese vier unterlassen, zusammenzukommen, um die Naturkräfte zu rufen, würden diese von sich aus handeln. Wenn Vater Sonne bei seinem täglichen Rundgang auf die Erde schaut, sieht er ja wirklich alles. Er ist der Vater von allem Leben, er kann allen Menschen in die Herzen sehen und ihre Gedanken lesen, er sieht alle Wünsche und Motive; würde er nun bei seinem täglichen Rundgang keinen einzigen redlichen Menschen mehr finden, würde er bei seinem Untergehen im Westen dem Zwillingsneffen der Spinnenfrau dort auf dem Meer sagen: »Nun, es gibt keine aufrichtigen Menschen mehr auf diesem Land, alle sind gegangen. Weißt Du deine Pflicht noch?«»Ja« wird er sagen, »Ich weiß meine Pflicht«. Er reitet ja auf dem Rücken dieser großen Wasserschlange, dieser Wassergottheit. Er würde ihr ins Ohr flüstern: »Mach Dich bereit, es ist Zeit, deine Aufgabe zu erfüllen.«

Tags darauf, wenn Vater Sonne über dem Atlantischen Ozean, am östlichen Rand, aufsteigen würde, würde er das gleiche dem Zwillingsneffen dort drüben sagen: »Als ich gestern übers Land ging, sah ich keine redlichen Menschen mehr, sie sind alle der Gottlosigkeit und Korruption verfallen. Kennst Du deine Pflicht noch?« Und er würde sagen: »Ja, ich kenne meine Pflicht.« Und er wird es der Wasserschlange dort sagen, daß es Zeit wäre, ihre Aufgabe zu erfüllen.

Beim nächsten Sonnenaufgang über dem Atlantischen Ozean würde diese Wasserschlange größer und größer werden und das Wasser in Bewegung setzen. Zur gleichen Zeit würde sich die Wasserschlange im Pazifik an ihre Arbeit machen, größer und größer zu werden – sie können ja jede Größe und Form annehmen – bis sich der Atlantische und der Pazifische Ozean die Hände reichen und so alles Land reinwaschen würden.

Es gibt einige Shoshoni-Indianer, die sagen, daß zuerst ein großes Feuer sein würde, und sie sagen, daß die sieben Schwestern wieder ihren Männern folgen würden, diese sieben Vulkane im Nordwesten würden ihre Tätigkeit wieder aufnehmen; nicht nur Mt. St. Helen, sondern alle anderen bis herunter zum Mt. Shasta und Mt. Lassen. So würde das Land zuerst durch die Vulkane gereinigt und nachher durch das Wasser, um sicherzugehen, daß alles zerstört würde.

Wenn wir Menschen also unsere Aufgabe verfehlen würden, die begangenen Fehler auf dieser Erde zu korrigieren und die Naturkräfte diese Aufgabe übernehmen müßten, würde es sehr fragwürdig, ob wir Menschen nochmals Gelegenheit bekommen würden, auf dieser Erde zu leben. Auch würden die meisten anderen Lebensformen zerstört werden, die Ameisen würden auf jeden Fall noch hier leben, vielleicht auch andere Lebensformen.

ᘓ

Nun, so wie ich die Hopi-Friedensbotschaft verstehe, ist das grundsätzlich alles, und, wie ich am Anfang gesagt habe, wirst Du es von keinem Hopi auf diese Art hören. Aber wenn Du sie fragst, werden sie sagen, daß dies hier grundsätzlich stimmt und noch ihr eigenes Wissen dazufügen.

Zum jetzigen Zeitpunkt ist es ziemlich schwierig, noch Hopi zu finden. Es sind ja etwa siebentausend Leute, welche behaupten, Hopi zu sein. Aber wie viele von ihnen dort draußen sind noch wirklich friedfertige Menschen, die die Anweisungen des Großen Geistes so befolgen, wie sie am Anfang gelehrt wurden?

Nur mit dem Pflanzstock, dem Sack voller Samen und dem Wasserbehälter, diesen einfachen, aufrechten, auf der Erde basierenden Lebensweg leben, wieviele sind es noch? Ich selbst kenne einige wenige, welche ich als wirkliche Hopi betrachte, sehr wenige. Zum Glück sind das nach den Prophezeiungen der Hopi noch genug.

William hat dies alles schon früher einmal gehört, und ich möchte ihn jetzt fragen, ob ich etwas vergessen habe oder etwas Falsches gesagt habe. »Einige Kleinigkeiten hast Du diesmal nicht erzählt, doch brauche ich ein wenig Zeit, um sie selbst wieder zu wissen.« »So habe ich also ein paar Fehler gemacht. Ich gebe Dir das Recht, deine Gedanken zu sammeln und sie dann auch noch auf Band zu sprechen. Was mich betrifft, habe ich mein Bestes getan. Es ist schon sehr lange her, seit ich das letzte Mal darüber gesprochen habe. Ich weiß auch, daß mein Erinnerungsvermögen heute nicht so geschärft ist wie damals.

Nun möchte ich meinen Zuhörern und ihren unsichtbaren Helfern danken, daß sie sich die Zeit, die Mühe und die Geduld genommen haben, mir zuzuhören – er bedankt sich in seiner Stammessprache –, auch möchte ich alle ermutigen, die ihrer Religion aufrichtig, ehrlich und rein gegenüberstehen, zu den Hopi zu gehen, um herauszufinden, ob das, was sie von ihrer Botschaft gehört haben, wahr ist oder nicht.«

ᘓ

Williams erste Erzählung bezieht sich auf die Stelle in der Botschaft, bei der es darum geht, daß die Hopi ihre Botschaft verbreiten müssen: »Sie würden sich erheben, um die Hopibotschaft des Friedens zu verbreiten. Unter ihren eigenen Leuten würden sie die Botschaft schon verbreitet haben, jetzt müßten sie sehen, wie sie über den Rand der Mesas käme. Es war ihnen gesagt worden, daß eine Zeit kommen würde, wo ein Hopi, der ein guter Sprecher sein würde, aufstehen und helfen würde, diese Botschaft zu verbreiten. So würde eine größere Anzahl Menschen erreicht werden.

Nach einer Zeit aber würde es so aussehen, als ob sie nicht mehr weiterkommen würden. Sie wurden angewiesen, den Mut nicht zu verlieren, standhaft zu bleiben, denn es könnte sich vom Norden ein Navajo melden, um zu helfen, die Botschaft an eine noch größere Anzahl von Menschen zu richten. Bald danach würde es aussehen, als würden sie keine Verbreitungsmöglichkeit mehr haben. Sie wurden angewiesen, den Mut nicht zu verlieren, denn es könnte sich ein Pajute vom Norden erheben und ihnen helfen, die Botschaft zu verbreiten. Nun, der Pajute würde noch ein größeres Gebiet und noch mehr Menschen erreichen.

Auch bei seiner Hilfe würde es nach einer bestimmten Zeit so aussehen, als kämen sie nicht mehr weiter. Sie wurden angewiesen, den Mut nicht zu verlieren, denn es würde sogar ein Weißer zu ihnen kommen, um zu helfen, die Botschaft an eine noch größere Zahl von Menschen zu richten.

Auch bei seiner Hilfe würden sie wieder einen Punkt erreichen, wo es so aussehen würde, als kämen sie nicht weiter. Würden sie aber den Anweisungen Folge leisten und den Mut nicht aufgeben, würde sich sogar ein ganzer Stamm erheben, in Erscheinung treten, um ihnen zu helfen, die Botschaft noch weiter zu verbreiten.

Diese Leute oder diesen Stamm würden sie daran erkennen, daß sie ihre eigene Sprache sprechen würden, daß sie ihre eigene Art von Kleidern tragen würden, daß sie ihren eigenen Lebensweg gehen würden und daß sie langes Haar tragen würden. Auch würden sie einen ähnlichen Namen wie Hopi haben, und es würden auch friedfertige Menschen sein.

Später stellte sich heraus, daß dieser Stamm, diese Leute, die Hippis, die Alternativen, die Träger der Friedensbewegung, all die Neubeginner von den Hippis bis heute waren. Nur wenige Menschen wissen und verstehen, wer die Hippis, die ursprünglichen Hippis waren. Es wurde ja später so viel von ihnen kommerzialisiert. Angefangen aber hatte es durch Menschen, die wirklich wußten, um was es im Leben geht. Es war eine sehr starke Bewegung, die sich ja schlußendlich auf der ganzen Erde verbreitete. Was ja mit der Hopibotschaft auch geschehen sollte und hoffentlich zum heutigen Zeitpunkt auch geschehen ist.«

Im Zusammenhang mit dem Kommen des Bahana hatte Craig jeweils noch erwähnt, daß er mit dem »Swastika-Mensch« und dem »Sonnensymbol-Mensch« Hände reichen würde. Auch war da von einem, der kommen würde, die Rede, der oder die Helme tragen würden, die aussehen wie die gehörnte Kröte.

ᓀ ᓀ ᓀ ᓀ ᓀ

Dieser Text über die Hopibotschaft wurde 1984 von Craig amerikanisch auf Tonband gesprochen. Übersetzt hat ihn Bruno Minder unter Mithilfe von Anna Maria Minder-Könz und Wolfgang Wellmann. Der Text ist an einigen Stellen gekürzt. 1991 entstand unter Mithilfe von Giuanna Arpagaus diese Abschrift.

ๆ ๆ ๆ ๆ ๆ

Diese Botschaft soll kopiert und weiterverbreitet werden. Sie darf nicht verkauft oder zu kommerziellen Zwecken verwendet werden!

ANHANG

Über Craig Carpenter

Craig stammt aus einer Familie, die vergessen wollte, daß sie zu den Ureinwohnern der Schildkröteninsel gehört. Als Einundzwanzigjähriger besuchte Craig das Stammesgebiet der Mohawk im Staate New York. Dort erkannte er seine Stammeszugehörigkeit. Nach dem College ging er an die Försterschule im Staate Michigan. Um 1949 begann er seine Große Suche. Geführt durch seine Innere Stimme, kam er drei Jahre später in das Land der Hopi. Dort begegnete er bedeutenden Clan- und DorfführerInnen. (Die verschiedenen Hopidörfer, verteilt auf den drei Mesas, sind voneinander unabhängige Dorfgemeinschaften, die durch ein religiöses Clansystem zusammengehalten werden.)

Die folgenden zwanzig Jahre war Craig als freiwilliger Botschafter unterwegs zu den traditionellen Stammesoberhäuptern des nördlichen Kontinents, was zu großen traditionellen Stammestreffen führte. Eines dieser Treffen fand im Juni 1968 in Henryetta, Oklahoma statt.

Craig besuchte und durchreiste 1973 Europa, wo ich (Bruno Minder) ihn kennenlernte. Während meiner dritten Reise auf der Schildkröteninsel hat Craig die Hopi-Friedensbotschaft für mich auf Tonband gesprochen, da er sah, daß mein Auffassungs- und Wiedergabevermögen für all die Details der Botschaft nicht so geschult ist wie das seinige – jemand wie Craig stellt an sich die Anforderung, einmal Gehörtes wortgetreu, also Wort für Wort, so zu übermitteln, wie er es selbst gehört hat.

❧

Craig Carpenter ist bis zum heutigen Tag (1998) Scout und Botschafter der Hopi. Die Verbreitung der Hopibotschaft in Europa ist zum wesentlichen Teil ihm und seinen persönlichen Anstrengungen zu verdanken!

Quellenhinweis

Steiner, Rudolf: »Aus der Akasha-Chronik«. Rudolf Steiner Verlag, Dornach/Schweiz, 6. Aufl. 1986

Rätsch, Christian: »Pflanzen der Liebe«. A.T Verlag, Aarau, 2. Aufl. 1995

Söhns, Franz: »Unsere Pflanzen«. Verlag Teubner, Leipzig, 3. Aufl. 1904

Liekens, Paul: »Die Geheimnisse der Pyramiden-Energie«. Windpferd Verlag

Höpfner, Otto: »Einhandrute und Pyramidenenergie«. Silberschnur, Neuwied, 3. Aufl. 1996

Geo, Heft Nr. 9, Sept. 1995. Gruner und Jahr AG, Hamburg

Möller, Jens Martin: Mythos einer Sonnenstadt. Dingfelder Verlag, Andechs 1995

ఞ ఞ ఞ ఞ ఞ

Kontaktadresse

Wenn Sie an magischer Hilfe oder an unserer Ausbildung interessiert sind, schreiben Sie bitte an:

Alrunia-Mysterienschule
*Anerkanntes Ausbildungs- und Prüfungsinstitut des
Dachverband Geistiges Heilen DGH e.V.
Iris Rinkenbach und Bran O. Hodapp
Weißenbach 30, 77797 Ohlsbach
e-mail: mysterienschule@t-online.de
homepage: http://alrunia.de*

Marina Kaiser

Briefe Deines Königs

- Der spirituelle Ratgeber für den Alltag!

- Lernen Sie, den Kontakt zu Ihrem Höheren Selbst herzustellen und zu pflegen!

- Bringen Sie Ihr Wissen von den Gesetzmäßigkeiten des Universums vom Kopf ins Herz!

Kartoniert, 112 Seiten, zahlreiche s/w Illustrationen
ISBN 3-8138-0528-X

Bücher aus dem Peter-Erd-Programm finden Sie im Buchhandel.
Fordern Sie das kostenlose Gesamtverzeichnis an bei:

Verlag Peter Erd
Gaißacher Straße 18
81371 München
Tel. (089) 7 25 30 04
Fax (089) 7 25 01 41

Stellen Sie sich vor, Sie lebten in einem Land, das von einem gütigen, weisen König regiert wird, und dieser König wäre Ihr persönlicher Freund und Ratgeber, der Sie mit Weisheit und Liebe beschützt.
Diese königliche Instanz gibt es! Sie lebt in Ihnen! Dieser König ist niemand anderes als Ihre eigene innere Weisheit, Ihr Höheres Selbst. Lernen Sie, Ihrer göttlichen Stimme zu vertrauen und endlich Ihre wahre Größe zu leben – seien Sie Sie selbst!